KB057379

내 운명과 미래를 알 수 있는

지문 연구

편저 : 대한지문연구회

사람을 쉽게 아는 제3법칙 지문한

지문에 운명과 미래가 담겨져 있다

지금은 한번 보고 사람을 아는 시대
어떤 사람을 만나고 어떤 사람과 친하게 지내야 성공할 수 있을까?

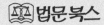 법문북스

지문 보는 방법

사람은 모두 손마디에 무늬같은 지문이 있는데 사람마다 모두 다르다.

 무늬가 그림처럼 원이나 소용돌이로 된 것을 와문이라 한다.

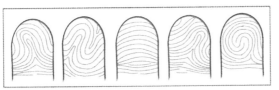

무늬가 그림처럼 원이나 소용돌이로 되지 않은 모든 것을 유문이라 하여 다섯 손가락의 무늬를 와문과 유문으로 구별하여 보면 된다.

지문을 보면 사람을 알수가 있다

엄지 식지 중지 약지 소지가 와문 일때

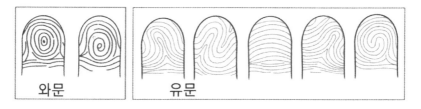

두뇌가 좋고 마음이 넓으며 스케일이 크다. 자존심과 자만심이 강하고 신념이 굳건해 맡은 일을 끝까지 추진하는데, 절대로 아부하지 않는다.

또 새로운 것에 호기심이 많고 남성과 여성 모두가 단정하고 아담하며 성실한 태도로 상대방을 대한다. 열심히 노력한 탓에 사업의 기반이 초년 말부터 다져지고 부모형제나 주변의 도움으로 대성공을 이룩한다.

남성은 가정과 처복이 있는데, 좋아 어떤 일이든지 묵묵히 대처해나가는 아내의 내조로 사회생활에 최선을 할 수가 있다. 더구나 직업과 주거의 운이 좋기 때문에 안정된 생활을 영위한다. 만약 직업과 주거의 변화가 있다면 대성한다.

무엇이든지 시작할 때 철저한 계획과 과감하게 밀어붙이는 추진력도 일품이다. 더구나 재물운이 있어 부를 누리고 이와 동시에 명성까지 얻어 말년을 가족들과 풍요롭고 행복하게 보낸다.

지문을 보면 사람을 알수가 있다

▲ 잘난 체하는 자만심의 지문이다

무척 잘난 체 하며 자존심과 개성이 강해 누구에게나 머리 숙이는 것을 싫어하는 뻣뻣한 이미지다. 끝까지 밀어붙이는 실천력을 소유하고 있으며 어떤 어려운 일에 봉착해도 누구의 도움을 받지 않고 스스로 해결하여 완성시킨다.

평생 동안 하루도 빠짐없이 잠잘 날 없는 변화무쌍한 삶을 살지만 중년부터 막힌 운이 열리면서 말년에는 부를 얻으며 우두머리 자리에 앉는다. 이로 인해 많은 사람들로부터 시기를 받아 주변에 적이 많기 때문에 남을 베풀 줄 알아야 한다.

더구나 역격하고 보수적인 기질로 인해 자식들을 너무 엄하게 키운다. 이에 따라 아이들이 성장한 후 부모 곁을 떠나고 본인 역시 역마살이 있어 세상을 떠돌아다닌다. 스포츠, 주식, 경마 등에 취미를 가지고 있는 여성을 배우자로 맞이한다.

건강은 사회생활에서 활동하다가 손이나 팔다리에 부상을 당하기 쉽고 호흡기계통의 질환에 시달린다. 결론적으로 자신의 운명을 변화시키려면 자만심을 버리고 상대의 충언을

들어야 하며 급하고 경솔한 맘을 겸손과 관용으로 돌려야만
한다. 그렇지 않으면 주어진 복이 자칫 화로 변할 수가 있다

▲운세를 보면

관운이 있어 녹봉을 받거나 혹은 중년에 운이 발동하는데 이때 받아들이지 않으면 화로 돌아온다. 말년의 운이 좋기 때문에 부를 쌓고 건강한 신체를 유지하며 사업은 자영업이 적절하다.

두뇌회전이 빨라 많은 지식을 터득하고 있으며, 일 또한 매사 막힘없이 잘 이끌어 나간다. 더구나 우아한 기질과 아부하지 않는 성격에 대인관계가 원활해 주변사람들과 인맥형성이 잘 되어 있다.

급한 성미에 어느 누구보다 강한 자존심과 고집으로 인해 주변의 충고를 무시하다가 화를 당할 우려가 있다. 따라서 자신의 주장을 내세우기보다 타인의 충고를 십분 활용하는 것이 좋다. 더구나 기회가 왔을 때 너그러운 마음으로 받아들이면 되는 것이다.

▲앞으로 해야 할 일

이런 사람은 단숨에 힘을 모아야 성공할 수 있기 때문에 항상 쉬지 않고 노력과 개발이 이어져 노하우를 쌓아놓아야 한다. 시기는 40대 초반부터 서서히 복이 움직이기 시작하는데, 이때를 놓치지 말고 반드시 받아들여야 화를 면한다. 주변의 충고를 받아들여 사리사욕을 채우지 말고, 또 경솔함을 버리고 대신 겸손과 관용을 배워야할 것이다.

엄지 , 식지, 중지 , 소지가 와문 이고 약지가 유문 일때

와문 견본

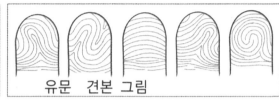

유문 견본 그림

지적인 이미지에 원만한 대인관계로 주변에 사람이 많고 인기가 좋으며 독심술의 능력이 있으며, 감성이 섬세하면서 풍부해 애정이 깊고 예술적인 재질이 많다.

더구나 스케일이 크고 사회를 위해 좋은 일을 하며, 적응력이 뛰어나지만 우유부단하고 급한 성격에 사람과의 관계가 오래가지 못하는 것이 단점이다.

아버지를 잘 만난 탓에 가업을 이어 집안을 책임질 수도 있다. 그렇지만 낭비가 심해 돈을 벌지 못한다. 일에 있어서 잔머리를 굴리지 않고 최선의 노력으로 문제를 해결해나간다.

재능이 많아 명성을 얻어 높은 지위에 오를 수 있는 기회가 오지만 대응하는 방법이 미약해 만년 2인자 인생이다.

▲ 온화하면서 우유부단한 지문이다

이런 사람은 두뇌가 명석하며 어떤 일이든지 타인의 눈치를 보지 않고 열심히 노력해 부를 쌓는다. 그러나 어려운 일에 봉착되면 스스로 해결할 수 있는 능력이 부족해 타인에게 의지하는 경향이 많다.

또한 우유부단함과 타협이 지나쳐 사람들에게 기질이 약하다는 말을 많이 듣는다. 차분하고 온화한 성격으로 말이 없으며 대인관계가 좋아 주변에 사람과의 사이가 원만해 인기가 좋다. 타협과 협조뿐만이 아니라 사교성이 풍부해 다툼이 없으며 선배의 도움으로 성공한다.

사업은 혼자는 외롭기 때문에 친구와 동업하면 각자의 단점이 보완되어 발전한다. 어떤 일이든지 군말하지 않고 꾸준히 밀어붙이는 노력파다. 여성은 콧대가 높지만 감성이 풍부해 타인을 돕다가 손해를 볼 수가 있다.

남녀 모두 결혼운이 좋아 행복한 가정생활을 꾸려나간다. 남성은 공처가 여성은 현모양처 타입이다. 인연은 거의가 사내커플이지만 가끔 먼 곳에서 짝을 찾을 수도 있다.

직업은 공무원이 가장 좋지만 그렇지 않으면 인쇄업, 수리

업, 컴퓨터 등도 괜찮다. 하지만 대성하는 운을 아니다. 건강은 심장, 흉부, 장기계통, 뼈, 호흡기 계통에 주의해야 한다. 결론적으로 열심히 노력한 결과 부를 쌓지만 우유부단함으로 화를 입는다. 즉 정에 약하고 애정이 많고 친구를 좋아한 나머지 돈을 빌려주거나 보증을 서는 바람에 그동안 쌓은 전 재산을 날리기 때문이다.

따라서 돈 잃고 사람까지 잃지 말고 확실하게 거절하여 모두를 지키는 지혜가 필요하다. 더구나 사람을 가려서 사귀어야 하며 어려운 일에 부딪쳤을 때 가능한 한 타인에게 의지하지 말고 스스로 해결하는 습관을 길러야 한다.

지문을 보면 사람을 알수가 있다

▲운세를 보면

 머리가 좋으며 예술적 기질이 풍부해 세련되고 지적인 이미지를 지니고 있다. 항상 웃는 얼굴에 예의가 바르며 대인관계가 좋아 교제술이 뛰어난 것이 장점이지만 결단력이 없는 우유부단함이 단점이다. 자신의 큰 꿈을 실현시키기 위해 사회를 위한 좋은 일에 참여를 많이 한다.

 대인(大人)은 되지 않지만 중간보스 정도는 될 수 있다. 이것도 최선을 하지 않으면 이룰 수가 없다. 남성은 공처가의 표상이요 여성은 남편의 내조를 온벽하게 해주는 현모양처다. 남녀 모두 일찍 결혼할 운수다.열심히 하는 노력형으로 틀림없이 목표를 이룰 것이며 금전운이 있어 스스로 일어난다. 그러나 큰 어려운 문제에 부딪쳤을 땐 너무 까발려 타인에게 의지하려는 맘이 강한 것이 단점이다.

▲앞으로 해야 할 일

재운이 있지만 그로 인해 구설수가 따른다. 마음이 약하고 우유부단해 친구로부터 돈이나 보증을 서달라는 말을 거절하지 못하고 들어준다. 즉 자신이 지금까지 쌓아놓은 모든 재산을 날릴 가능성이 있다. 따라서 마음을 통할 수 있는 진솔한 친구들의 조언이 몹시 필요하다. 또 자신의 할일을 절대로 타인에게 맡기지 말아야 성공한다.

지문을 보면 사람을 알수가 있다

엄지 식지 중지 약지가 와문
소지가 유문

와문

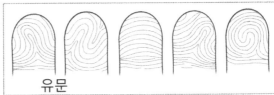
유문

부드러운 이미지와 기질을 가지고 있지만 겉보기와는 달리 입이 거칠어 말을 마구하기 때문에 주변에 적들이 많다. 초년운에 역마살이 있어 부모나 고향을 떠나 전국을 돌아다닌다.

따라서 20대 말까지 별 볼일 없는 삶으로 인생을 살기 때문에 금전이 모이지 않는다. 즉 두뇌회전이 빠르지 못해 지나간 아이템들을 생각하기 때문에 항상 타인보다 앞서지 못한다. 그러지만 30대중반이 지나면서 점차적으로 운이 풀리기 시작해 성공을 거둔다. ▲ 기질이 게으르고 낙천적인 지문이다 아무리 중요한 일이라도 계획성이 없으며, 더구나 최선을 하지 않고 그냥 어떻게 되겠지라고 생각하는 낙천적이고 게으른 타입이다. 대인관계가 원만해 사교술이 뛰어나 주변에 사람이 많다. 하지만 마땅히 마음을 터놓고 이야기할 친구가 없는 것이 단점이다.

여성은 남성의 기질을 가지고 있다. 남성을 연애박사가 많고 위트와 재치가 있으며 처세술이 뛰어나 많은 사람들로부터 인기를 얻는다. 하지만 너무 가볍게 보인다는 말을 듣기도 한다. 회사생활에서 상사에게 실력을 인정받고, 연인으로는 연상의 여성과 사귈 가능성이 많다.

또 그녀의 협조로 자신의 꿈을 실현시킬 수 있다. 다른 집으로 양자를 가지 않으면 그 집의 재산을 상속받을 수도 있다. 결론적으로 행복 뒤에는 반드시 불행이 찾아오기 때문 항상 대비하는 정신자세가 필요하다.

▲운세를 보면

매사 즐겁고 쾌활하며 낙천적인 사고방식에 대인관계가 원만해 사교술이 풍부하다. 그러나 행동이 민첩하지만 스스로 잔머리를 굴리면서 권력에 머리를 숙이는 전형적인 아첨꾼이다.

▲앞으로 해야 할 일

나무보다 숲을 보면서 자신의 뛰어난 사교술로서 주변사람들과 대인관계를 원만하게 이끌어낸다. 따라서 아첨꾼이라는 말을 정도로 권력에 머리 숙이고 상사에게 순종하면서 자신의 신분상승에 많은 기회가 오지만 가볍고 경솔한 행동 때문에 파란만장한 삶을 산다. 그렇지만 귀인을 만나 사업에 성공할 수 있는 확률이 매우 높지만, 타인과 다툼은 피해야 한다.

남녀 모두가 중년에서 말년까지의 운 역시 높낮음이 많다고 하겠다. 여성은 여성지도자 타입으로 강한 성격을 지니고 있어 남편과의 다툼이 간혹 생길 수 있다. 따라서 삶에 있어서도 극과 극을 달리는데, 서로가 양보할 것은 양보해야만 운이 좋아진다.

지문을 보면 사람을 알수가 있다

엄지 식지 중지가 와문
약지 소지가 유문

와문	유문

두뇌가 매우 좋아 삼국지의 제갈량같은 책사타입으로 하나를 얘기하면 열 가지를 이해하기 때문에 젊어서 상사에게 발탁되어 승승장구하여 일생을 행복하게 산다.

또 '머리가 좋으면 육신이 고생하지 않는다' 라는 말처럼 큰 노력 없이 많은 것을 얻고 성공시켜 명성까지 얻는다. 그러나 기질이 기분파이기 때문에 낭비가 심해 금전이 쌓이지는 못한다. 그렇지만 어려운 일에 처하면 자신의 지혜와 귀인의 도움으로 성공적으로 마무리 짓는다.

하나의 사업을 성공시키기보다 여러 개로 확장시키는데 재미를 느끼며, 이재가 밝다. 사료가 깊어 사색을 즐기고 글재주까지 있으며 여행을 비롯해 다양한 취미를 즐긴다.

▲ 결백하고 은거생활을 즐기는 지문이다

속세에 초연하며 현실에 흥미를 느끼지 못하고 살아가는 먼 옛날 백이숙제 같은 결백과 은둔자 타입이다. 착실하면서 이것저것 가리지 않고 열심히 일을 하지만 어떤 일을 놓고 볼 때 결론부터 생각해 성과가 없다. 더구나 용기가 없어 밀어붙이는 힘이 적고 앞뒤가 막혀 융통성 없는 고집불통 벽창호다.

또한 활동범위가 좁아 안방대장노릇만 하다가 역마살이 있어 부모 곁을 떠난다. 원만한 대인관계가 아닌 특정인(사장, 상사 등)만 가려서 마음을 열기 때문에 동료나 후배들과는 교류가 원만하지 않다. 이런 관계로 인해 동료나 후배들과 금전문제로 마음고생이 심하다.

도시보다 농촌으로 내려가 생활하는 것도 악운을 피할 수 있는 길이 될 것이다. 온순하고 부드러운 성격이지만 어떤 문제가 발생했을 때는 이성을 잃을 정도로 화를 내기 때문에 신임을 한꺼번에 날려버릴 수가 있다.

이럴 때 일수록 마음의 안정을 찾아 차분하게 대처하면 된다. 결혼운이 반반이라 연애보다 중배가 훨씬 유리하다. 재물운이 있어 부모나 혹은 친척의 재산을 상속받을 수도 있다. 건강은 호흡기계통, 알레르기성 체질에 주의해야한다.

▲운세를 보면

경솔하고 급박한 성격에 인간관계가 없고 사교술이 적어 즐거움과는 거리가 멀다. 사고력이 깊어 정신적인 세계의 탐구를 좋아하고 자신을 항상 되돌아보면서 반성하며 절대로 은근슬쩍 넘어가지 않는다. 앞뒤가 꽉 막혀 융통성이 없어 타협이란 것이 전혀 없다. 결백하고 숨어서 지내기를 좋아한다. 무엇을 하려는 끈기가 없고 용기도 없다.

▲앞으로 해야 할 일

지금까지의 초년운이 좋았다면 말년에는 좋지 못한데, 초년운이 발동하지 않아야 반전되어 말년에 행복한 삶을 누릴 수 있다.

속세에 초연하는 능력으로 인해 예술적인 운이 풍부해 명성을 얻는다. 특히 사고력이 깊기 때문에 정신적인 것을 상당히 중하게 여긴다. 현실의 모든 것이 싫어 속세를 떠나 은둔생활을 하기 때문에 사회와 고립된 외로운 삶을 살아간다.

만약 사회생활을 하더라도 융통성과 타협이 없고 사교술이 부족해 따돌림을 당하기 쉽다. 그렇지만 철저하게 자신은 고독을 즐기고 있는 것이다. 종종 별 볼일 없는 일을 두고 깊은 사고에 빠지기 때문에 정신적인 신경쇠약에 시달린다.

더구나 속세와는 인연이 없는 대신 자신의 예술적 기능을 십분 발휘하여 돌파구를 찾아야 한다. 직업에 귀천이 없듯 자신에게 합당한 일이나 사업을 찾아서 하는 사람도 많이 있기 때문에 실망해서는 안 된다. 사람에겐 주어진 능력이 있는데 다만 그것을 찾지 못할 뿐이다.

그래서 자신의 능력을 개발하라는 것이다. 더구나 자신의 사교술이 부족해 대인관계가 원만하지 못하기 때문에 이것을 남화하기 위해서는 일부러 활달하고 쾌활한 성격을 가진 사람과 사귀어야 한다.

그리고 일을 이것저것 벌이지 말고 한 가지 일에만 매달려 열심히 한다면 막혔던 운이 뚫릴 것이다.

지문을 보면 사람을 알수가 있다

식지 중지 약지 소지가 와문
엄지가 유문

와문

유문

불같은 기질을 가지고 있어 사소한 일에도 성질을 부려 다툼을 초래하는 타입이다.

두뇌회전이 좋아 대인관계가 원만하고 이상이 높아 주변의 이야기를 듣거나 찬성하지 않는다.

무슨 사물이든지 자기 입장에서 단독적으로 생각하기 때문에 주변에 전혀 도움이 되지 않는다. 부모형제간의 관계가 좋지 않아 의지할 곳이 없어 초년에서 중년가지 매우 고생을 한다.

하지만 이 고비를 넘기면 점차적으로 안정을 되찾아 말년엔 행복한 삶을 누릴 수 있다.

따라서 일이 잘 풀리지 않는다고 성급하게 억지로 서두르면 서둘수록 꼬이기 때문에 느긋하게 마음을 먹어야 성공할 수가 있는 것이다.

▲ 배짱과 투지가 깃든 지문이다

두뇌회전이 빨라 예지의 능력이 있어 상대를 잘 파악할 수 있다. 따라서 자신이 고통스런 상황에 처해있다고 해도 희생정신이 강해 상대의 일에 발 벗고 나서는 인정과 의리가 넘치는 타입이다. 어떤 일이건 두둑한 배짱과 밀어붙이는 투지력이 대단해 고집을 부릴 때도 있지만 협상의 귀재로 풀리지 않는 문제를 완벽하게 해결하는 재능도 있다.초년운이 좋지 않아 불우하게 성장하지만 30대가 넘으면서 점차적으로 막힌 운이 풀리기 시작해 성공을 거둔다. 그렇지만 그 성공의 여파가 큰 파도와 같아 주변사람들의 요주의 인물이 되기 때문에 조심해야 한다. 더구나 입이 거칠고 때에 따라 거짓말을 늘어놓기도 하지만 타인을 능가할 수 있는 실력을 지니고 있다. 따라서 실패했다고 버린 사업체를 성공시키거나 주변의 도움으로 사업에 성공하는 재주도 있다. 그렇지만 어떤 계획에 의해 움직이는 것이 아니라 행동부터 옮기는 것이 좋지 못하다.

금전엔 인색해 구두쇠라고 불리지만 사회적으로 그렇지 않고 솔선수범하고 정치적인 수완도 풍부하다. 그러나 한번 사귀면 오래가지 않고 싫증을 내는 단점이 있지만 대인간계가 넓다. 따라서 현장을 움직이는 것이 아니라 대형플랜을 짜거나 사람을 관리하는데 일가견이 있다. 직업은 정치가, 공무원, 사무원 등이 적절하며 우연하게 친구의 소개로 부부의 연을 맺는다.

▲운세를 보면

매사 가만히 있지 못하고 급한 성격에 난폭한 기질의 히스테리하다. 고집이 보통 이상이며 자신을 누르려고 하면 반항심이 매우 강하다. 그렇지만 재주가 많고 정열과 추진력이 있어 자신의 주장에 대한 의사표시가 정확하며, 어떤 사물이건 지나치지 않고 관찰하는 섬세함과 예지능력을 갖추고 있다. 희생정신이 강해 남의 일에 벌 벗고 나서기를 좋아한다.

▲앞으로 해야 할 일

어떤 일이건 밀어붙이는 끈기와 투지뿐만 아니라 실력 또한 출중해 큰 사업을 성공시킬 수 있는 능력이 있다.

초년과 중년의 급한 성격이 나이가 들수록 누그러진다. 무엇이든지 자신의 중심적으로 판단하고 또한 급한 성격 때문에 관재수가 있을 수 있으며 이오 인해 스스로 갈등에 휘말릴 수가 있다.

강한 결단력에 힘입어 머뭇거리지 않고 열정적으로 실천하는 행동파이며 예지능력까지 갖추고 있다. 따라서 일을 추진함에 있어서 반대한다면 지휘고하를 막론하고 반항하기 때문에 평범한 지원이 아닌 윗사람의 위치에 있어야 된다. 더구나 달변가로 설득력이 논리적이기 때문에 당할 사람이 없다.

리더십이 온화하면서 강해 부하를 부리는데 일가견이 있어 많은 사람들이 주변에 모인다. 그러나 급한 기질로 인해 신경질을 부리는 히스테리로 인해 일을 실패하거나 갈등을 겪을 수 있다.

따라서 급한 성격으로 일을 망치지 말고 일을 처리함에 있

어서 차분하고 꼼꼼하게 확인한 후 냉철하게 행동하는 것이
무엇보다 중요하다.

지문을 보면 사람을 알수가 있다

식지 중지 소지가 와문
엄지 약지가 유문

| 와문 | 유문 |

 부모형제를 비롯해 주변의 도움을 받지 못해 청년시절에 무척 고생을 심하다. 그러나 추진력과 신뢰성 있는 행동으로 중년부터 운이 발동하기 시작하지만 초년과 별 차이가 없다.

 실력이라면 타의추종을 불허하며 어떤 일을 두고 상대가 골탕 먹이지만 눈 하나 깜빡하지 않고 자연스럽게 처리하는 담력과 재주가 있다. 그렇지만 그것에 대한 인정을 받지 못해 성공하지는 못한다. 더구나 주변의 시기심으로 인해 마음에 상처를 입거나 이로 인해 관재를 당할 수도 있다.

▲ 고집불통의 단순한 외골수 지문이다

고집불통의 단순한 외골수로 어떤 일이든지 곧바로 행동으로 보여주는 실력파다. 따라서 자유분방하여 새로운 것을 추구하면서 규칙에 얽매이는 것을 싫어한다. 성격이 시원스러워 주변에서 추대를 하면 덥석 받아먹는 바람에 애를 먹지만, 본심은 성공을 위해 항상 준비하고 있는 상태다.

따라서 운동권에 관여를 하거나 혹은 사회운동에 평생을 비친다. 또한 집보다 밖에서의 생활이 많기 때문에 술을 좋아한다. 대중을 상대로 한 언변이 좋아 주변에 사람들이 많이 몰린다. 그렇지만 사람을 가려서 교제하는 것이 단점이다.

역마살이 있어 타향에서 맴돌며 주거에 안정이 되지 않아 직장의 변화가 많다. 더구나 주변사람과의 교제도 마찬가지다. 일찍 결혼하는 것이 좋지 않기 때문에 재혼을 하면 더 행복한 삶을 누릴 수가 있다.

▲운세를 보면

다정다감한 성격에 쾌활하고 명랑하며 언변이 좋아 주변에 많은 사람들이 모인다. 지략이나 행동이 뛰어나 순간적인 기회포착이 최고다. 그러나 단순하기 때문에 주변사람들에게 사기를 당할 가능성이 높다. 연예인처럼 외모 꾸미기를 좋아하고 유행을 따르기 때문에 낭비가 심하다. 남성은 주색을 조심하고 여성은 사치성을 피해야 한다. 따라서 스스로 반성해야 나쁜 운을 물리칠 수 있다.

▲앞으로 해야 할 일

청년시절에 고생을 많이 하지만 중년부터 막혔던 운이 조금씩 풀려 말년엔 좋아진다. 손재주가 좋아 새로운 것을 창조하지만, 이것으로 인해 주변사람들로부터 시기를 받아 애를 먹는다. 물론 성공하는 시간이 매우 오래 걸린다는 것이 아쉽다. 따라서 급하게 마음먹지 말고 초지일관으로 끝까지 밀고 나가면 이룰 수가 있다.

더구나 다양한 취미를 가지고 있어 생을 재미있게 살아간다. 하지만 남성은 처복이 없어서 덕을 보지 못하며 여성은 이혼할 운수다. 차녀라면 가정을 짊어져야 하는 운명이다. 성격이 쾌활하고 친절하며 차분하기 때문에 대인관계가 원만하다. 그러나 사소한 일에도 거친 행동이 나타나 주변을 어리둥절하게 만든다. 따라서 자신의 유별난 행동을 다시 한번 생각해 고치는 것이 좋다.말년에 운이 풀린다고 해서 손을 쉽게 하지 말고 꾸준히 노력해야만 된다. 그렇지 않으면 좋은 운이 찾아오지 않는다. 따라서 천방지축으로 행동하거나 당장 운이 풀리지 않는다고 다른 일로 방향을 바꾸거나 자포자기하면 모든 것이 그것으로 끝난다. 그렇기 때

문에 항상 자신에게 충실하면서 굳은 인내로 때를 기다려야
한다.

　또한 생각하는 것이 너무 단순해 주변사람들에게 사기를
당할 수 있기 때문에 조심하지 않으면 안 된다. 이것으로 인
해 금전적인 손실을 불 수 있으며 건강까지 영향을 끼친다.
사람을 알아보는 눈을 길러야 한다.

지문을 보면 사람을 알수가 있다

식지 중지 약지가 와문
엄지 소지가 유문

대인관계가 좋아 주변에 많은 사람을 모이게 하는 사교술이 뛰어나다. 남의 어려움을 돕거나 억울함을 풀어주기 위해 스스로를 희생하려는 마음이 강하지만, 이것을 행하다가 거꾸로 오해를 받아 애를 먹는다. 왕고집이라 남에게 지기를 싫어하며 타협이 없어 남에게 피해를 줄 수도 있다.

어릴 때부터 고생이 심하고 운이 없으며, 중년과 말년이 되어서도 초년과 마찬가지로 생활상태가 별 차이가 없이 고생한다. 더구나 많은 노력을 하지만 이에 비해 결과가 시원찮으며 주변에 친구들이 많지만 은혜를 도리어 원수로 앙갚음을 당한다. 따라서 사람을 선별하는 정확한 눈이 필요하다.

▲ 히스테리한 성격의 지문이다

 사람은 겉과 속이 다르듯이 겉보기엔 자존심이 강하고 머리 숙이기를 싫어 하지만 속으로는 적극성이 부족한 히스테리성격의 기질이 있다. 어떤 일을 할 때 추진력이 약하고 허풍이 많아 주변으로부터 믿음을 받지 못한다. 그렇지만 자신만이 가지고 있는 독특한 재능으로 인해 에디슨처럼 대발견이나 발명을 한다.

 하지만 관심이 없으면 아무리 좋은 것이라도 버리는 단점을 가지고 있다. 더구나 선천적으로 예지능력을 가지고 태어났다. 형제자매간의 인연이 없어 일찍 죽거나 헤어지며 본가를 떠나 외지에서 생활하면서 많은 고생을 겪는다. 남녀의 인연은 본가와 멀리 덜어져 있는 곳에 있기 때문에 가깝게 있는 사람과의 인연은 없다.

 단 남성은 재산이 많은 집안의 여성과 결혼해야만 운이 풀린다. 수재가 있어 강가나 계곡 등에 집을 짓지 말아야 한다. 질환으로는 신경계통, 심장질환, 위장질환, 척추질환에 걸리기 쉽다. 직업은 예능, 소설가, 각색가 등이 적절하다.

▲운세를 보면

고집이 세고 말주변이 좋아 상대의 발을 들으려고 하지 않는다. 또한 어떤 일이든지 한번 손을 댔다하면 집착력이 강해 오해를 받을 수 있다. 그렇지만 대범한 기질에 강인한 추진력을 가지고 있으며 누구에게도 의지하지 않는 독립심이 있다. 꿈이 크지만 자만심이 강한 것이 흠이다. 히스테리성격을 지니고 있지만 정이 많으며, 예술방면에 소질이 있다. 사랑을 할 때는 결혼을 생각하지 않고 무조건 사귀고 보는 타입이다.

지문을 보면 사람을 알수가 있다

▲앞으로 해야 할 일

어릴 때부터 포부가 크기 때문에 만년에 명예를 얻는다. 고집이 세고 고개 숙이기를 싫어해 윗사람의 명령에 반항하는 경우가 많다. 더구나 주변의 충고나 입장을 아예 무시해버리는 경향이 있다.

그래서 미움이나 시기를 받아 운이 자꾸 고이기만 한다. 이러한 단점이 개선되어야만 말년을 순탄하게 보낼 수가 있다. 재혼운이 있어 이웃이나 가까운 곳에 있는 사람과 결혼하면 반드시 이혼한다. 재혼하면 남성은 여복의 운으로 도움을 받아 성공한다. 그렇지만 크게 성공하는 것은 아니다. 일에 대해 진취적이고 조화와 융통성으로 노력하기 때문에 상사로부터 인정을 받는다. 하지만 일을 기초부터 배우려는 마음이 없고 요행을 바라는 단점을 가지고 있다. 예를 들어 경마나 도박 등으로 재산을 탕진하여 결국 패가망신할 운이다. 이것은 어릴 때부터 아버지의 영향을 받은 것인데, 이점만 고친다면 사회에서의 성공은 따 놓은 당상이다.어쨌든 말년에 막힌 운이 뚫리는데, 중년 때 하는 일마다 꼬인다고 이것저것 손을 대거나 자신의 능력만 믿고 서둘지 말고 차분하게 한 가지 일에 전념하고 타인의 조언도 받아들여 추진하는 것이 곧 성공의 길이다.

이때 조심해야할 것은 주변에서 조언을 하면서 최고라고 치켜세우는데 이런 달콤한 말에 넘어가서는 안 된다. 이것은 곧 쥐약이기 때문에 항상 주의 깊게 생각고 검토하면 해결할 수가 있다.

지문을 보면 사람을 알수가 있다

식지 중지가 와문,
엄지 약지 소지가 유문

와문

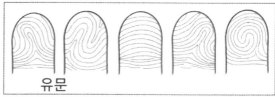

유문

 부드러우면서 온화한 기질을 가지고 있으며 품행이 단정하고 착실하다. 고고한 인격을 갖추고 있어 주변사람들로부터 관심과 인기를 얻는다. 더구나 사업이 위기에 처할 때마다 타인의 도움을 받아 정상화되면서 발전이 순탄하다. 하지만 한 가지 일에 정진하지 않고 여러 가지를 일에 손을 댄다. 부모형제와의 우애가 돈독하고 재물운까지 있어 중년에 운이 크게 발동하여 말년에 행복한 삶을 산다. 그러나 주색에 빠져 재산을 탕진하기 때문에 돈이 모이지 않는다.

▲ 대인관계로 신임을 얻는 지문이다

겉으론 차갑게 보이지만 온화하고 부드러운 기질로 인하 원만한 대인관계가 일품이다. 따라서 어떤 일을 도모할 때 자신의 노력과 함께 주변사람들의 협조와 도움으로 성공의 발판을 마련할 수가 있다. 특히 상대의 속내를 관찰하는 뛰어난 능력으로 인해 판단력이 빨라 자신과 얽혀있는 이해관계를 무리가 없이 처리하는 타입이다. 플랜을 세우면 하루 빨리 진행해야만 성공할 수 있는데, 그렇지 않고 늦어지면 실패할 확률이 높다. 남녀 모두 식복을 타고났으며 말년의 운이 괜찮다.

고향을 떠나 먼 외국에서 활동하는 것이 더 좋다. 하지만 외로움 때문에 이성관계가 육체적인 향락에 빠질 가능성이 있기 때문에 하루빨리 사랑하는 사람을 만들어야 한다. 그렇지 않으면 모든 것이 어려움에 빠질 수도 있다. 본가에서 결혼하는 것보다 양자로 가서 결혼하는 것이 훨씬 좋은데, 중매가 아니라 연애결혼을 한다.

여성은 초년말까지 되는 일이 없다. 하지만 대체적으로 이목구비가 뚜렷한 미인으로 친구들이 많으며 남성과의 교제로 가출할 염려가 있다. 남편복이 많아 행복하지만 아이를 낳을 땐 순조롭지 못하다. 직장과 사업운이 좋아 모두 순탄하게 진행되지만 성병, 허리디스크, 임신중독 등을 조심해야 한다.

지문을 보면 사람을 알수가 있다

▲운세를 보면

부드러우면서 온화하고 감성이 많으며 협동정신이 강하고 무엇이든지 열심히 노력하는 형이다. 그렇지만 한번 일을 시작했다면 저돌적인데 연애도 마찬가지다. 예의와 규칙을 매우 엄격하게 지키지만 행동이 적극적이지 못하고 약간 보수적인 기질이 있다. 사고가 깊어 문학적인 자질이 강하고 욕정이 마음 깊숙이 도사리고 있다.

▲앞으로 해야 할 일

이런 유형은 장남으로 태어날 확률이 많으며 처복이 있어 똑똑하고 돈이 많고 집안의 딸과 결혼한다. 여성도 마찬가지로 돈 많은 집안의 남성과 결혼한다. 이렇게 만나야 이상적인 부부생활을 꾸려나갈 수가 있다. 하지만 개인적으론 삶이 평탄치 않다. 그러나 빈손으로 사업을 시작해도 원만한 대인관계로 얻어진 인맥의 도움으로 부를 쌓는다. 이때 자신을 도와주는 인맥들이 권력가일 가능성이 많다. 더구나 아내의 도움은 천군만마를 얻는 것과 같다. 그래서 일을 시작하면 뒤를 보지 않고 끈질기게 앞으로만 정진하는 돌격파이기도 하다. 그러나 감초도 적재적소에 쓰여야만 약효가 있듯이 다른 곳에 쓰이면 오히려 독이 되기 때문에 조심해야 한다. 이성을 사귈 때는 진행 중인 사업일지라도 뒷전으로 밀기 때문에 핀잔을 듣는다. 직업은 월급쟁이보다 스스로 경영하는 사업이 좋다.

지문을 보면 사람을 알수가 있다

엄지 중지 약지 소지가 와문, 식지가 유문

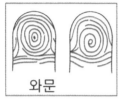

와문

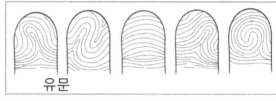

유문

타인이 가지지 못한 아주 특수한 재능을 자유자재로 발휘하는 타입이다. 이상이 높고 차분하기 때문에 어떤 이익이 눈앞에 있어도 절대로 손을 대지 않는다. 한마디로 아무리 귀한 재물일지라도 탐탁치 않게 생각한다. 기복이 없이 순탄하게 발전하려면 부모가 살고 있는 본가와 멀리 떨어지지 않는 것이 좋다. 이것은 지키지 않으면 타향에서 이루 말할 수 없는 고생을 한다. 또한 남 앞에 나서기를 좋아하면 중년 이후부터 풀리는 운이 도리어 막힘을 당한다. 따라서 가만히 자신의 자리를 지키고 있으면 실력을 인정받아 출세한다. 그러나 안타깝게도 타인을 도와주면 은혜보다 오히려 원수가 되어 돌아오기 때문에 삼가야 한다. 건강은 무병장수할 운이다.

▲ 합리적으로 정당화 시키는 지문이다

자기 잘난 맛에 사는 권위주의적인 타입이기 때문에 이것이 발동하면 아무리 친한 친구일지라도 아랫사람 취급을 한다. 평상시엔 동점심이 많아 부하들을 잘 챙겨 의형제를 맺기도 한다. 어떤 일을 함에 있어서는 매우 합리적이다. 특별한 재능을 소유하고 있지만 일을 시작함에 있어서는 싫증이 빠르고 변덕스러움이 심하다. 밝은 성격이지만 차갑게 느껴지는 측면도 있다. 이상주의와 낙천적인 기질이 있지만 순간적으로 감정의 변덕스러움이 심해 대인관계가 원만하지 않다. 따라서 자신과 가까운 사람은 손으로 꼽을 정도로 적다. 이들로부터 손해를 보기 때문에 마음고생이 심하다. 즉 투자자문 역할을 맡는 등 남의 일에 감 놔라 배 놔라 식의 간섭으로 고생을 자충한다. 겉으로 보기엔 무척 강하게 보이지만 실제는 매우 약한 마음의 소유자다. 하지만 사람들에게 자신의 나약한 모습을 보이길 싫어한다. 평생 동안 몇 번의 좋지 못한 일을 겪지만 강한 인내력으로 극복한다.

지문을 보면 사람을 알수가 있다

▲운세를 보면

급한 성격에 강직하고 남을 속이지 못하는 타입이며 사고력이 풍부해 문학방면에 재능이 있다. 시원 털털한 기질이 있어 사람들에게 좋은 인상을 심어준다. 하지만 스스로 잘난 맛에 살아가기 때문에 대인관계가 부족하다. 더구나 자신의 주장을 고집스럽게 끌고 가다가 주변사람들로부터 비난을 받기도 한다. 하지만 성공한 후에는 패기만만함을 보여주기도 하며 스스로 꾸미기를 좋아해 인기가 높다. 착실함을 보여주지 못하는 허풍쟁이에 남을 무시하는 경향이 있다.

▲앞으로 해야 할 일

대기만성 타입으로 말년에 부귀공명을 이루며 건강한 체력으로 행복한 삶을 영위한다. 특별한 재능으로 인해 사회적으로 신분이 상승되며 주변에 사람들이 많다. 그러나 스스로의 재주만 믿고 남을 무시하는 경향이 있다. 따라서 사방에 적들이 많다. 이것을 해결하려면 먼저 상대의 인격을 존중해야만 된다. 더구나 사고력이 풍부해 종종 망상에 빠질 때가 많다. 이럴 때일수록 친한 친구의 도움이 필요한 것이다. 강한 인상을 소유하고 있으며 깔끔한 이미지로 치장하기를 좋아해 사람들로부터 인기를 얻는다. 한편으론 히스테리성격에 황소고집을 가지고 있어 타협하기가 어렵다. 이런 성격을 고치지 않는다면 들어오는 복도 나가버린다. 부유하거나 빈곤한 집안 어느 쪽에서 태어났어도 중년으로 넘어가면서 높은 지위에 오른다. 단 직업은 월급쟁이가 좋은데 꼭 부하들의 도움을 받아야만 성공할 수가 있다. 만약 상업으로 성공하려면 믿을 수 있고 기획력이 뛰어난 파트너와 공동사업을 해야만 된다. 이때 자신의 주장을 너무 내세우지 말고 파트너에게 양보해야만 손해를 줄일 수가 있다.

지문을 보면 사람을 알수가 있다

엄지 중지 소지가 와문, 식지 약지가 유문

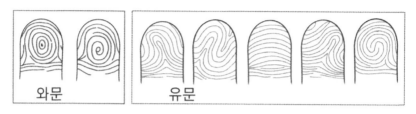

| 와문 | 유문 |

두뇌회전이 빠르고 꼼꼼하며 치밀한 성격의 소유자지만 추진력이나 실행능력이 부족하다. 더구나 뛰어난 기획력을 발휘하며 스케일이 매우 크지만 금전과는 거리가 멀다. 중년까지 경제적으로 어렵고 더구나 어떤 분쟁에 휘말리는 일이 많다. 하지만 이 고비를 넘기면 말년에 안정된 삶을 살 수가 있다.

지문을 보면 사람을 알수가 있다

▲ 예의가 바르고 겸손한 지문이다

사람을 웃기는 코미디언들의 이면은 슬픔으로 가득차있다는 말처럼 겉으론 쾌활하고 밝지만 속마음은 항상 응어리져 있다. 솔직함과 굳건한 인내심이 있으며 깔끔한 성격으로 정리정돈을 잘한다.

변덕이 있어 주변의 사람들과 오래사귀지 못한다. 남녀 모두 재혼할 운으로 여성은 유산하기 쉬우며 쌍둥이를 잉태할 가능성도 있다. 독단적인 사업이나 동업을 하면 성공하지만 이권다툼이 벌어질 수도 있다.

직업군은 인쇄, 레포츠, 설계 등이 좋다. 건강체질이지만 정신신경계통, 식중독, 심장계통의 질환에 조심해야 한다.

▲운세를 보면

하나를 봐도 스쳐지나가는 성격이 아니며 이것이 모티브가 되어 최선을 기울이는 타입이다. 그리고 일을 시작했다면 열심히 노력한다. 더구나 깔끔한 외모를 좋아해 자신을 꾸미는 인물이다.

그러나 남에게 잘 보이기 위해 겉치레가 심하다. 겉과 속이 다르듯이 자신의 이익을 위해 야심이 무척 크다. 무엇이든지 마음을 먹으며 앞뒤 가리지 않고 시작할 정도로 성격이 급하다. 사고가 깊어 시끄러운 것보다 혼자 생각하기를 좋아해 문학적인 기질이 많다.

▲앞으로 해야 할 일

남녀 모두 낭비와 허영심이 많아서 재산을 탕진하기 때문에 부부사이에 갈등이 심해 이혼까지 갈 수 있다. 또한 삼각관계에 빠지기도 한다. 따라서 길흉화복을 피하기 위해선 스스로를 돌아보고 나쁜 습관을 버리면 재운과 좋은 운을 만날 수가 있다. 좋은 운이 찾아왔다고 아무 계획도 없이 사업을 했다간 백번 실패를 한다.

화재를 만날 운이라 항상 불조심을 해야 하며 만약을 대비해 화재보험을 들어두면 된다. 또한 영고성쇠 하는 운명이기 때문에 좋은 운이 찾아왔을 때 화를 막을 준비가 필요하다. 스스로 꾸미기를 좋아해 돈을 낭비하는데, 이것을 막지 않으면 파산한다.

더구나 앞에서 언급했듯이 사치와 낭비를 억제하고 이성과의 사이를 원만하게 해결한다면 화목한 가정을 펼칠 수 있다. 그러기 위해서는 선배나 부면사람들의 충고나 조언을 듣는 것도 나쁘지 않다.

지문을 보면 사람을 알수가 있다

엄지 중지 약지가 와문,
식지 소지가 유문

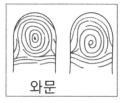

와문

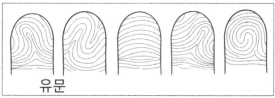

유문

착하면서 자애심이 많고 특히 공정심이 두터운 타입이다. 하지만 약간 어수룩한 이미지를 가지고 있으며, 남에게 은혜를 베풀지만 자애심과 공정심으로 인해 은혜가 원수로 되돌아와 마음고생이 심하다. 초년엔 정신적으론 별 어려움이 없지만 물질은 빈곤하다. 역마살이 있어 가능한 한 하루라도 빨리 고향이나 부모를 떠나야만 크게 성공할 수 있다. 왜냐하면 중년을 넘어서부터 막혔던 물질운이 발동하기 때문이다. 그 대신 정신적으로 많은 어려움을 당한다. 특히 일중에 한 번은 다른 사람의 큰 실패에 말려 고생하는데 조심해서 동업을 해야만 한다.

▲ 협동심을 강조하는 지문이다

차분함과 냉정할 정도의 침착성으로 인해 주변사람들에게
믿음을 준다. 더구나 그 믿음을 바탕으로 움직이기 때문에
인기도 높다. 그러나 이런 것을 믿고 너무 독단적으로 행동
하면 모든 것이 수포로 돌아간다. 따라서 서로를 존중하는
협동심이 필요하다.   어떤 주어진 일에 대해 좋고 나쁨을
떠나 불평하지 말고 굳센 인내심을 보여주어야 한다. 그래
야만 강한 이미지를 심어줄 수가 있다. 여성의 경우는 온화
하면서 따뜻한 애정이 많아 대인관계가 원활하며 모성애가
무척 강하다. 일상생활에서 주변과의 다툼이 벌어졌을 때
조절하는 재능이 뛰어나다.

예의가 바르며 수준 높은 사고력으로 인해 공정성이 있으
며 타인 앞에서 자만심을 보이지 않고 도리어 존중을 해준
다. 따라서 어떤 일을 맡으면 순조롭게 진행시키고 끝까지
마무리하는 추진력도 있다. 남녀모두 애정이 많기 때문에
삼각관계에 빠질 수도 있지만 원만하게 해결한다. 성공은
상사의 도움으로 이뤄지며 대인관계가 좋아 새로운 일을 하
더라도 세 사람의 도움으로 성공한다.

손재주가 뛰어나 남성은 요리, 금융, 기술, 예술 쪽으로, 여성은 물장사. 미용, 약사 등이 좋다. 또한 출산이 빨라 다리와 허리가 약한 아이가 태어나는 운이다. 남녀 모두 소화기 계통, 다리, 허리, 신경쇠약, 열병 등에 조심해야 한다.

지문을 보면 사람을 알수가 있다

▲운세를 보면

온화하고 넉넉한 이미지에 성격이 냉정하고 두뇌의 판단이 냉철하다. 따라서 아무리 급한 일이 생기더라도 경솔하지 않고 끝까지 차분함을 지킨다. 더구나 총명한 지혜와 동정심이 풍부해 남을 먼저 생각하고 부모에게 효도한다. 남에게 의지하지 않는 독립심이 강하다.

▲앞으로 해야 할 일

 부모가 일찍 돌아가시는 운명을 타고 났으며 형제자매의 우의가 없다. 더구나 자신을 발탁해주는 상사가 없어 출세하지 못하며 또한 길흉의 폭이 너무 넓다.한마디로 믿음직한 외모와 애정이 많아 붙임성이 좋기 때문에 주변사람들로부터 인기를 얻는다. 사교술이 있어 대인관계가 원만하고 친구들을 즐겨 돕는다. 더구나 리더십이 있어 작은 단체의 우두머리를 차지한다. 여성은 현모양처 스타일로 모성애가 깊고 내조를 잘하며, 또한 집안 살림을 잘하고 친구들과의 교제범위가 넓다.

 특히 사물에 대한 뛰어난 감수성과 손재주가 있어 요리를 하면 음식 맛이 일품이다. 만약, 양송의 지문이 똑같다면 예술방면으로 성공할 운을 타고났다. 가장 명심해야 될 것은 개인적인 욕망을 채우기 위해 야비한 쪽으로 풀리는 것이다. 따라서 아무리 좋은 운을 타고났다고 하지만 배움이 없으면 운이 나빠져 만사가 물거품이 된다.

 아무리 독립심이 있다고 하지만 끌어주는 사람이 없으면 성공하지 못한다. 따라서 믿을 수 있고 재능이 풍부한 사람

지문을 보면 사람을 알수가 있다

을 만나 동업하면 된다. 이성과 만날 때는 자신과 완전히 다른 적극적이고 진취적인 사람을 택해야 한다. 왜냐하면 서로의 단점을 보완할 수 있기 때문이다.

지문을 보면 사람을 알수가 있다

엄지 중지가 와문, 식지 약지 소지가 유문

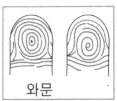

와문

유문

말이 없어 대인관계가 원만하지 못하지만 마음만은 자비롭다. 또한 인간미가 흐르고 친절하며, 동정심이 많고 겸손하다. 그렇지만 사교적인 직업에는 적당하지 않는 성격이며 젊을 때부터 자영업으로 잔뼈가 굵는다. 향락적인 기질이 있으며 낭비벽이 심해 저축할 돈이 없다. 좋은 운이나 행운은 일생에 한번 있을 커다란 재난을 당한 다음에 발동한다. 따라서 나쁜 일이 발생했을 때 적당하게 지나갈 수도 있지만 이와 반대로 해결될 수 있는 시간이 의외로 길어질 수도 있다.

더구나 일을 벌이기는 재능은 있지만 수습하지 못하는 단점이 있다. 즉 자기의 기업욕심만 만족시키는 것이다. 재산운은 중년이 지나면서 불어나 말년엔 지위와 명성을 크게 얻는다

지문을 보면 사람을 알수가 있다

▲ 역마살이 있어 타향을 떠도는 지문이다

역마살이 있어 타향을 떠도는 타입으로 이사나 직장이 자주 바뀐다. 미아가 될 운명도 지니고 있다. 세상의 삶에서 무언가를 남겨놓기를 원하지만 비굴한 측면도 있다. 두뇌회전이 빨라 이해력이 빠르며 경솔한 행동으로 손해를 보기도 한다.

더구나 남 앞에 나서기를 싫어하기 때문에 막후에서 조종하여 발전시키는 타입이다. 낙천적이 기질이 있어 자유분방하게 일하기를 좋아한다. 두뇌가 총명해 일을 추진함에 있어서 승부욕이 강해 뒷마무리를 잘한다. 초?중년에는 경솔한 행동으로 안정되지 못한 생활을 하지만 말년에는 안정된 생활과 함께 금전까지 쌓인다.

무병장수할 운명이지만 형제자매간의 우의가 없다. 얼굴이 동안이며 자유결혼을 원하고 결혼하면 부부사이는 좋지만 자식운이 없다.

특히 사업은 자신이 쌓은 경험을 바탕으로 해야 하며 두뇌를 필요로 하는 직업에 종사하면 된다. 간혹 열병, 눈병, 요통 등의 질병이 있다.

▲운세를 보면

 솔직하고 두뇌의 회전이 빠르지만 앞에 나서기를 싫어해 막후에서 조종하는 것을 좋아한다. 세상의 모든 아름다운 것을 즐기며 금전에 대한 관심이 없다. 낙천적인 기질에 향락을 즐긴다. 하지만 남들에겐 명랑하게 보이지만 속마음은 무척 고독하다. 정력이 왕성하고 역마살이 있어 떠돌아다니는 신세다.

▲앞으로 해야 할 일

 두뇌회전이 빨라 특별한 개성은 없지만 뒤에서 조종하는 재능이 있지만 군중을 통솔할 수 있는 능력은 없다. 낙천적인 기질로 인해 어려움이 닥쳐도 이겨나간다. 금전에 대한 욕심이 없다.
 따라서 아무 걱정도 없이 살아가는 사람이며, 세상의 아름다움을 사랑하기 때문에 방락벽이 있고 고독을 많이 느낀다. 성적인 욕구가 강해 이성관계가 복잡하다. 부부사이가 원만하지 못해 이혼하여 재혼할 운이다.

지문을 보면 사람을 알수가 있다

중지 약지 소지가 와문,
엄지 식지가 유문

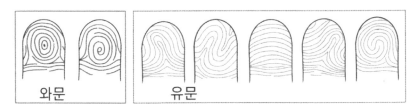

어떤 일이든지 강하게 나가기 때문에 부드러움이 부족해 자신의 힘만 믿고 양보나 타협이 없다. 즉 한번 옳다고 주장하면 끝까지 우기면서 상대를 무시하는 경향이 있어 사방에 적들이 많다. 초?중년까지 고독한데 무슨 일이든지 되는 것이 없다. 이 고비를 넘기면 주변에 사람이 약간 있지만 별 도움이 되지 않는다.

쾌활하고 두뇌회전이 빠르며 솔직한 정점이 있지만 이와 반대로 완고한 성격으로 인해 일생을 고생하며 산다.?배우자나 자식과의 인연이 좋지 않아 심한 다툼이 자주 일어난다

지문을 보면 사람을 알수가 있다

▲ 부와 명예로 삶을 누리는 지문이다

 자제력이 약하고 감정의 기복이 심하며 어떤 일이든지 민감하게 반응한다. 이성간이 교제에서 종종 다툼이 있고 부모와의 인연이 없어 다른 가족들을 돌봐야 되는 운명이다. 두뇌가 총명해 맡은 일을 깔끔하게 처리하지만 고생도 뒤따른다. 금전유통은 원활하게 돌아가지만 자기자본은 막혀있다. 따라서 자영업보다 월급쟁이가 적합하며 금전도 안정된다. 하지만 마음먹은 포부는 크지만 현실성이 부족하다.
 부부의 인연은 서로가 불같은 성격을 지니고 있기 때문에 각각 한 발짝씩 양보하면 해결된다. 부부싸움으로 인해 부인이 히스테리로 변해 남아를 출산할 때 난산이 예상된다. 미혼 여성은 인과관계가 좋아 물장수를 하면 인기를 얻을 수 있다. 건강은 난치병을 얻을 수 있기 때문에 질환의 낌새가 있으면 빨리 고치는 것이 좋다. 또한 열병에 시달릴 수도 있으며 자가운전 때 교통사고를 조심해야 한다.

▲운세를 보면

겉으로는 표현하지 않지만 내심 부와 명예를 추구한다. 평범한 생활에 염증을 느껴 인생의 목표를 세워 꾸준히 노력한다. 위험에 처한 친구를 위해 희생정신이 강하다. 책사기질이 많으며 적극적이고 활동범위가 매우 넓다. 급한 성격에 도박을 즐기고 상사나 윗사람에게 반항심이 강하고 타인을 무시하는 경향이 있다. 술을 많이 먹지는 못하지만 즐기는 애주가다.

▲앞으로 해야 할 일

천성적으로 재산운이 있고 양친 모두가 길운을 가지고 있기 때문에 가문의 중심이 될 수박에 없다. 운이 순탄할 때는 이상이 없지만 운이 나빠질 땐 모든 것이 위험하다. 어떤 일을 하든지 적극적이고 단호한 언행으로 상대방을 압도한다. 부와 명예욕이 강하기 때문에 평범한 생활보다 어떤 목표를 위해 최선을 다한다. 더구나 선과 악에 대한 이분법이 확실하고 계략이 뛰어나 자신에 대한 이권에 대해선 절대 물러서지 않는다.

특히 부와 권력으로 대성할 운인데, 이것은 스스로 큰 꿈을 가지고 있어야만 가능하다. 물론 개인적인 능력이 반드시 수반되어야 한다. 자신의 포부가 이뤄지지 않으면 고생을 하며 술로 나날을 보내기 때문에 술버릇이 좋지 않다. 따라서 술로 인해 건강에 악영향이 오고 술로 인생을 망칠 수가 있어 자중하지 않으면 헤어날 수가 없다. 사업에 대해서는 열정을 보이지만 가끔 손을 떼는 경우가 있는데 이것은 명예와 부를 다시 한번 추구하기 때문이다. 감정의 기복이 심해 일단 성질을 부리면 물불을 가리지 않지만 시간이 지나면 언제 그랬냐는 듯이 깨끗이 잊어버린다. 부하나 후배들에게 매우 오만하다. 따라서 인간관계에서 오만함을 버리고 겸손한 습관과 예의범절을 지켜야 한다.

지문을 보면 사람을 알수가 있다

중지 소지가 와문,
엄지 식지 약지가 유문

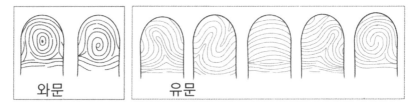

| 와문 | 유문 |

 총명한 두뇌를 가지고 있지만 변덕이 심하고 새로운 것에 눈길을 돌리는 경향이 많다. 따라서 어떤 일에 대한 계획이나 실행을 하다가 싫증이 나서 그만두는 경우가 종종 있다. 이것이 단점으로 작용해 발전하지 못하고 같은 곳에서 맴돌 뿐이다. 초년에는 무엇 하나 제대로 이뤄지지 않아 고생이 심하다. 이것은 성격에도 문제가 있지만 방법이나 요령이 좋지 않기 때문인데 평생을 좌우할 수도 있다. 장점으로는 재능이 풍부하기 때문에 다양한 분야에서 활동한다. 이런 사람은 주변사람들로부터 인정을 받지만 일생동안 금전과는 거리가 멀며 고생만 한다.

▲ 정열과 돌발적인 성격으로 뭉쳐진 지문이다

오직 한 가지만 열정을 불태우는 타입이다. 겉으로 보기엔 명랑하고 쾌활해 아무 걱정 없이 보이지만 내적으로는 고민이 많다. 즉 경제적이거나 다른 문제로 고통에 시달리지만 타인에게 자신의 약점을 보이길 싫어한다. 운의 기복이 심해 좋을 때나 나쁠 때가 극과 극을 달리며 투기에 흥미를 갖고 있다. 두뇌회전이 빠르고 합리적이며, 자만심에 빠져서 거만하게 위세를 부린다. 더구나 때와 장소를 불문하고 승부욕으로 찬스를 노린다. 겉으론 명랑한 성격이지만 마음속으론 고독하며 대인관계가 좋지만 믿을 만한 친구가 없다. 매파의 거짓말에 속아 사기결혼에 빠지기 쉽다. 이것만 조심하면 좋은 사람과 부부의 인연을 맺는데 아쉽게도 사별한 운도 있다.

금전이나 물질엔 관심이 적어 학문이나 종교방면에서 성공한다. 건강은 열병으로 인한 설사, 급성폐렴, 혈압, 장 질환에 조심해야 한다. 여성은 명랑하고 인정이 넘쳐 주변에 사람이 많다. 또한 지혜가 많아 집안일이나 외부의 일을 말끔하게 처리하는 능력이 있다.

▲운세를 보면

 정열과 열정으로 뭉쳐진 돌발적인 성격을 소유하고 있으며 명랑하고 지혜가 풍부하다. 자존심이 매우 강하고 자기중심적이기 때문에 지나친 자신감을 나타낸다. 아름다움을 추구하는 환상가지만 항상 일확천금을 노리기 때문에 도박을 좋아한다.

지문을 보면 사람을 알수가 있다

▲앞으로 해야 할 일

천성적으로 명예와 가문의 번영을 일으키는 운을 타고났다. 운수가 매우 좋아 어려서부터 청년기까지 평온한 삶을 산다. 그렇지만 번성과 영화로움의 시기에 너무 자만하면 말년에 쇠약해 진다.

또한 주변에 사람들이 없어 고독하고 화재를 당한 운도 있다. 한마디로 어떤 일을 하든지 매사 타당하게 처리하는 것도 좋지만 대인관계에서 겸손함과 예절을 보여주어야 한다. 허풍떨기나 환상에 젖어들기를 좋아해 금전과는 거리가 멀다. 그렇지만 일확천금을 바라거나 허영심으로 인해 도박에 빠져들어 남을 속이는 경향이 있다.

또한 재주와 소질로 인해 명예를 얻거나 가족의 번영을 이룩한다. 하지만 이것을 자신의 분수에 맞게 지켜내지 않으면 말년에 고생을 한다. 따라서 말년의 행복을 위해서는 자존심과 자만심으로 발동하는 고집을 버려야 한다.

감정의 기복이 심해서 어떻게 변화될지 예측하기 어렵기 때문에 이것으로서는 행복과 불행은 피하기 어렵다. 한마디로 스스로를 자제하고 자중해야만 극복할 수 있다.?

지문을 보면 사람을 알수가 있다

금전운이 있어 많은 돈을 저축한다. 하지만 이런 금전보다는 인간관계가 더 중요하다.

이것은 재물과도 바꿀 수 없는 것인 바로 인간관계이기 때문이다. 나쁜 운이 들어올 때는 기가 약하면 이겨낼 수가 없어 육체적이나 정신적이나 쇠약해진다. 그러면 주변사람들의 도움을 받아서 해결하도록 해야만 한다.

지문을 보면 사람을 알수가 있다

중지 약지가 와문,
엄지 식지 소지가 유문

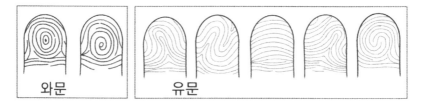

와문	유문

 융통성 없는 왕고집이지만 정직하고 마음이 선하다. 그렇지만 대인관계가 원활하지 못해 평생 동안 고독하게 지낼 운이다.?가능한 한 사무직보다 기술을 배워야만 빈곤을 면할 수가 있다.?

▲ 풍부한 포옹력을 지닌 지문이다

 다정다감하고 부드러운 마음의 소유자지만 입버릇이 거칠어 타인에게 오해를 받는다. 보수와 진보의 양면이 있어 국가나 사회를 위하여 자신의 모든 것을 불태운다. 또한 국수주의를 부르짖는 운동권에 가입하여 활동한다. 급하게 서두르는 단점만 고치면 성공할 수 있으며 경사스러운 일도 생긴다. 편안한 삶을 살다가 권태를 느껴 새로운 사업에 손을 대다가 실패한다. 이것이 계기가 되어 실패가 지속되기 때문에 조심해야 한다. 우두머리의 위치에 다다르며 후배나 부하들을 정으로 보살펴준다. 하지만 이것 때문에 손해나 혹은 실패를 맛본다. 동거나 내연관계를 겪은 후에 정식결혼을 하는데, 부부의 연이 좋고 안정된 가정을 꾸린다. 또한 자식복이 많고 가업을 이어받는다. 그렇지 않으면 월급쟁이가 좋은데, 예를 들어 교직, 식목, 육림 등이다. 건강은 장수의 운을 타고났지만 유전적인 질환과 열병에 조심해야 한다.

▲운세를 보면

 급한 성격으로 인해 항상 신경질을 부리고 감수성이 예민하며 항상 슬픔과 분노를 토로한다. 호기심이 많아 다양한 면에서 모험을 즐기지만 집착력이 부족해 중도에 그만두는 상황이 많다.

 행동에 군더더기가 없이 빠르고 기획력까지 뛰어나다. 온화하고 부드러우며 선한 마음씨와 세심한 애정을 지니고 있다. 연령보다 젊게 보이는 동안의 얼굴에 씩씩하고 굳센 기상이 있다. 남성은 기력이 있게 일하고 여성의 대부분은 미모가 뛰어나다.

▲앞으로 해야 할 일

마음이 부드럽고 온순하며, 선하고 매우 세심한 인정미를 소유하고 있지만 이것으로 오해받아 주변사람들에게 미움을 받는다. 이때 성질을 부리는데 이것은 감수성이 예민하고 총명한 탓에서 생기는 것이다.

호기심이 많아 어떤 일이든지 직접 체험하는데 집착력이 부족해 오래가지 못한다.

행동이나 반응이 빠른데, 좋지 못한 쪽으로 발전하면 일을 망칠 수가 있다.

다양한 것에 손을 대는 것보다 한 가지에 몰두하는 것이 성공의 길이다. 넓은 포용력을 지니고 있지만 원만한 대인관계가 없으면 액운 들어온다.

여성은 거의가 미인이 많고 30대 중반일지라도 미모, 육체, 마음을 그대로 유지한다. 그렇지만 무슨 일에나 참견하기 좋아해 실수를 저지른다.

건강은 장수할 운이지만 파란만장한 인생경험을 하는데, 초년의 운이 좋지 않아 무슨 일이나 뜻대로 진행되는 것이 없다. 하지만 중년부터 운이 발동해 점차적으로 일이 풀린다. 결혼운은 좋지 않아 평탄하지 못하다. 실력과 신념이 부족해 어떤 일이든지 차분한 검토와 함께 스스로 잘못된 성격을 반성하여야만 성공할 수가 있다. 중년부터 운이 풀리는데 이때 열심히 노력해야 말년부터 행복한 삶을 살 수가 있다.

지문을 보면 사람을 알수가 있다

중지가 와문, 엄지 식지 약지 소지가 유문

와문

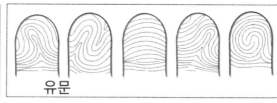

유문

 현실과 달리 이상이 매우 높아 대부분의 생각이 비현실적이다. 따라서 노력하는 일마다 헛수고로서 끝나는 경향이 많다. 따라서 금전의 혜택을 전혀 받지 못한다. 또한 요령이 없는 것도 그 이유 중의 한다. 길흉의 기복이 심해 좋은 일이 있다가도 나쁜 일이 찾아오곤 한다. 한 가지 일에 매달리는 것보다 다양한 일에 매달리는데, 이것이 때론 행운으로 작용될 수도 있지만 도중하차가 많다.

지문을 보면 사람을 알수가 있다

▲ 구상은 있지만 결단력이 부족한 지문이다

모든 일을 진행함에 있어서 추진력이 부족해 중도하차한 후 회의를 느낀다. 이것은 시작 전부터 신중한 결단력이 필요하며 차분하게 대처하지 못하기 때문이다. 자신의 환경에 대한 병화가 심하고 역마살이 있어 고향을 떠나 타향에서 떠돈다. 더구나 생활 역시 안정되지 못하는데, 그것은 철저하지 못한 성격 탓에서 비롯되는 것이다. 일에 대한 요령도 없어 주변사람들에게 신임을 잃어 도움을 받을 수 없고, 따지기를 좋아해 오해까지 받는다. 방랑벽이 있어 형제자매나 친구와의 인연이 없고 스스로 고독감에 빠진다. 또한 건망증이 심해 물건을 잘 잃어버린다. 기술방면으로 성공하는데, 직업으로는 연구, 발명 등이다. 결혼운이 좋지 않아 늦게 하거나 그렇지 않으면 독신으로 산다. 결혼을 하더라도 자식복이 없고 집을 가출하거나 별거를 한다. 질병은 소화기계통, 감기로 인한 장기계통, 열병 등에 걸리기 쉽다. 그렇지만 운명은 장수한다.

▲운세를 보면

내성적인 성격에 머리가 총명하고 매우 똑똑하다. 성격 또한 대범하기 이루 말 할 수 없다. 더구나 구성과 기획력이 뛰어나 주변사람들로부터 인정을 받는다. 손재주가 있기 때문에 사무직보다 기술직에서 능력을 많이 발휘한다.

▲앞으로 해야 할 일

목숨은 장수할 운이지만 형제자매와의 우의가 돈독하지 못하고 항상 다툼이 심하다. 더구나 재물에 욕심이 없고 마음 또한 깨끗하지만 평생의 운이 파란만장하다.

한마디로 똑똑한 사고로 어떤 이리든지 기획과 구상을 멋지게 해내는 능력을 가지고 있다. 손재주가 많아 기술방면에서 종사하는 사람들이 많다. 더구나 생각기 대범하여 작은 일에는 잘 따지지 않는다. 그렇지만 단점으로는 결단성이 결여되어 있다. 즉 어떤 일을 시작할 때 결과를 먼저 생각하다가 스스로 의욕을 잃는다.

이것이 반복되면 모든 일을 소극적으로 대하면서 내성적으로 발달되고 만다. 그렇다고 실망해서는 안 된다. 즉 운명이라는 것은 선천적인 것도 후천적인 노력으로 인해 개선될 수가 있는 것이다.

금전운이 보통이기 때문에 더 많은 욕심은 화를 부른다. 따라서 사업을 크게 벌이지 말고 작게 한다면 반드시 성공의 기회가 찾아온다.

규칙적인 생활을 하면 틀림없이 장수한다. 남녀 모두 욕정

이 강하지만 천성적으로 우유부단해 색정으로 인한 비극이
발생한다. 따라서 남성은 이성교제를 할 때 냉정하게 상대
를 선택하고 만나야 한다. 여성은 남성이 원하는 대로 들어
주지 말아야 한다.

지문을 보면 사람을 알수가 있다

엄지 식지 약지 소지가 와문,
중지가 유문

와문

유문

솔직하고 아랫사람에게 베풂이 많으며 의협심이 강해 영웅적인 기질을 소유하고 있다. 즉 불의를 보면 참지 못하는 성격이다. 부모형제와의 사이가 좋기 때문에 발전이 빨라 초년에 시작되어 중년에 기초가 마련된다. 친구나 윗사람의 도움으로 발탁되며, 추진하는 일까지 순조롭게 진행된다. 따라서 초년부터 주변사람들에게 명성과 신용을 얻는다. 가화만사성이며 주변에 믿을만한 부하가 있다. 결혼운이 좋기 때문에 멋진 배우자와 가정을 꾸린다. 더구나 결혼으로 인해 행운까지 겹쳐 입신출세한다. 예지능력이 있어 사물에 대한 통찰력이 예리하기 때문에 투기를 좋아한다. 하지만 무엇이든지 넘치면 좋지 않는데, 성공 후 모험을 즐기다가 실패할 수도 있다. 원만한 인간관계로 화목을 유지해 득을 보며 다투길 싫어한다.

▲ 넓은 마음과 의협심이 강한 지문이다

부드럽고 마음이 강직하지 못해 항상 중간위치를 지킨다. 따라서 어떤 자리이건 조화를 이룰 수가 있다. 여성은 차분한 미덕과 고상한 품위를 풍기고 주변에서 농담을 해도 모두 받아들인다. 남녀 모두 부정한 일에는 냉철하며 정직한 생활을 한다. 매우 엄한 언행으로 남에게 피해를 주지 않으며, 일에 있어서 사려가 깊지만 추진력이 부족하다. 부유한 가정환경과 양친의 엄격한 교육환경에서 성장했을 것이며, 권위가 있는 주변사람들의 도움으로 출세한다. 겉으론 조용한 것 같지만 내면적으론 불안과 고민에 휩싸여 있을 때도 있다. 자영업보다 공동사업에서의 대표를 맡아야 성공한다. 직업군은 문화, 교육, 설계, 출판 등이다.

▲운세를 보면

행동거지가 점잖고 성실하며 중용에 해당되는 타입이다. 한상 깨끗하고 깔끔함을 추구하며 지혜가 풍부하다. 두뇌가 총명하고 예리한 관찰력이 있지만 성격이 너무 부드럽고 온화하여 이을 추진함에 있어서 열정이 부족하다. 문학, 미술, 역사 등에 대한 지식이 풍부하며, 초지일관 충성심에 변함이 없고 대인관계가 성실하다.

▲앞으로 해야 할 일

부와 명예를 모두 얻을 수 있는 운이지만 장사에는 재주가 없어 실업가나 사업가로는 어울리지 않다.

남성은 처가살이를 하고 여성은 멋진 남편을 얻는다.

남녀 모두 부친이 사회에서 명망이 높은 인물이다. 한마디로 언행이 일치하는 군자라고 할 수 있다.

남성은 선배들을 매우 존경하기 때문에 그것으로 인해 그룹의 책임자나 단체의 지도자로 추대된다.

여성은 뛰어난 미모를 지니고 있어 남성들에게 사랑을 한 몸에 받는다. 특히 교육사업에 종사하면 성공할 수가 있지만, 절대로 부정적인 것과는 거리가 멀어 장사를 하면 항상 손해를 본다.

마음이 너무 온화하여 도리어 낭패를 보게 되는데, 이점을 고쳐야 한다. 고치지 않으면 주변사람들에게 스케일이 작은 사람으로 비쳐져 신임을 얻지 못하는 등 길운이 사라진다. 또한 예술계에 종사해도 성공할 수 있는 기회가 온다. 그렇지만 사리사욕을 버리지 않으면 반드시 실패한다. 그 이유는 주변에서 시기하고 질투하는 사람들이 있기 때문이다.

예를 들면 공동으로 경영하다가 파산의 위기를 만나면 모든
책임이 당신에게 돌아오는 것을 말한다.

지문을 보면 사람을 알수가 있다

엄지 식지 소지가 와문, 중지 약지가 유문

와문

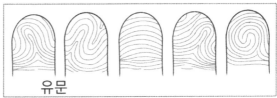

유문

 시원스럽고 차분한 성격을 지니고 있으며, 주변사라들과의 화목을 유지하는데 뛰어나다. 더구나 일을 시작했다면 멈추지 않고 밀어붙이는 추진력이 강해 타인보다 먼저 성공한다. 특히 물질적인 운이 풍부해 평생 동안 어려움이 없고 초년부터 발전하여 중년 땐 크게 성공한다. 어떤 일을 하건 요령이 좋고 부드러움으로 강함을 제압하다. 스스로 자신의 재능을 뽐내지 않고 순리적으로 처리하기 때문에 실패하지 않는다. 뚜렷하고 변하지 않는 주장이 있어 타인에게 좌우되는 일이 없다. 예지능력이 있어 일시적인 것보다 앞을 내다보고 신중하게 행동한다. 그렇지만 빠르게 성장하지 못하는 단점이 있다.

▲ 수완이 뛰어나며 두뇌가 총명한 지문이다

남성은 남에게 속박 당하기를 매우 싫어하는 자유분방하고 억센 성격에 콧대가 높다. 여성은 남성적인 성격이 있어 모든 일을 명쾌하게 행동에 옮긴다. 어떤 일이든지 공동사업을 해야 성공한다. 월급쟁이는 성격과 맞지 않아 운이 없다. 어려운 난관에 부딪쳐도 주변의 도움을 받아 해결된다.

외강내유한 기질이기 때문에 주변사람들이 많이 의지하고 따른다. 주거의 변동이 심하고 결혼을 하지만 내연의 이성이 있을 수가 있다. 여성은 자식복이 있고 순산한다.

어떤 일을 맡았을 때 독단적으로 하지 말고 상사와 상의해서 처리하면 좋다. 태어난 자식들이 부유한 환경에서 성장하기 때문에 독립심이 부족하다. 따라서 일찍 타향으로 내보내어 자립심을 키워줘야 할 것이다.

직업군은 여관, 호텔, 관광사업, 이용원, 식당 등이 좋다. 건강은 감기, 흉부질환, 기관지계통, 신경계통 등을 조심해야 한다.

▲운세를 보면

대인관계가 원활해 주변사람들로부터 입지가 넓다. 의협심이 강해 부하나 후배를 좋아하고 보호해준다. 그러나 급한 성격에 고집 또한 세고 남에게 구속되기를 싫어하는 자유분방한 타입입니다.

▲앞으로 해야 할 일

자기만 생각하는 이기주의로 스스로의 이익을 꾀하다 실패한다. 상사와 의견의 불일치로 다툼이 많다. 남성은 항상 감정적인 위기에 처하게 되면서 결국 이혼까지 생각한다. 그러나 여성은 이와 반대로 전형적인 현모양처이다.

주거가 불안정해 항상 이사를 해야만 하는 운이다. 한마디로 남에게 구속받거나 전통적인 예속에서 벗어나 자유분방함을 즐기기 때문에 사업을 할 때 혼자 선택하여 추진하는 것이 좋다.

감성적인 성격이라 예술계로 진출하는 것도 괜찮다. 이것이 주변사람들이 보기엔 변덕스럽고 괴팍하게 보일 수도 있다. 지금까지 이름을 떨치고 있는 세계적인 예술가의 공통점을 살펴보면 모두가 고집이 세고 집착이 강하다.

하지만 대인관계가 부족해 이것으로 인해 사업을 펼칠 때 도움을 받지 못한다. 더구나 이기주의가 팽배해 타인과의 다툼으로 인해 적들이 많다. 따라서 스스로의 수련을 통해 부드럽고 이해심이 넓은 성격으로 개조되어야 한다. 또 의협심이 강해 지나치게 부하나 주변사람을 보호하기 때문에 윗사람에게 나쁜 인상을 줄 수 있다. 더구나 남의 일에 너무 참견하기 때문에 자신의 능력을 잃을 수가 있다.

따라서 직장인보다 창업을 하는 것이 훨씬 유리하다. 직업군은 미술, 공예, 음악 등 예능계통이 적적하다.

지문을 보면 사람을 알수가 있다

엄지 식지 중지 약지가 와문, 소지가 유문

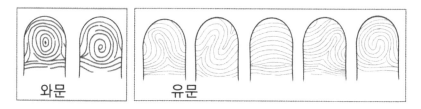

| 와문 | 유문 |

 어떤 일을 이루고자 함이 뚜렷하고 사물에 대한 사고방식이 믿음직스럽다. 더구나 함부로 행동하거나 경솔하게 움직이지 않는다. 예지능력이 뛰어나고 기획력까지 있기 때문에 차분하게 계획을 세워 천천히 나아가면 지위를 얻는다. 또한 실패가 없어서 초년부터 운이 발동되어 중년에 이르러 상당한 위치에 오른다. 단점으로는 항상 새로운 것에만 흥미를 갖기 때문에 스스로를 지켜내지 못하지만 큰 결점은 아니다. 두뇌회전이 빨라 어떤 일이든지 요령이 좋아 부드러움으로 강함을 제압하는 재능에 뛰어나다.

 이것으로 인해 성공의 길이 터여 중년 이후부터 큰 성과를 얻는다. 하지만 남으로부터 원망을 사거나 기피를 당한다. 따라서 충분한 이해심과 넓은 도량으로 교제해야만 한다.

▲ 다정다감하고 의지가 굳세 지문이다

 어떤 일에 대해 시간을 지체하지 않고 곧바로 이분법으로 결정짓기를 좋아하며, 예지의 능력이 있어 미리 대비하지만 이와 반대로 단념도 쉽게 한다. 즉 친구와 쉽게 헤어지고 사귄다. 열정을 다해서 일을 진행하지만 마음에 들지 않으면 쉽게 포기하고 급기야 직장까지 바꾼다. 고향보다 타향에서 행운이 더 많아 외국으로 이민가는 것도 괜찮다. 특히 끈기와 차분함 부족하기 때문에 급하게 결정하면 실패할 수가 있다. 또한 강한 정신력이 있지만 친인척과의 인연이 없어 한곳에서 정착하여 살기 힘든 고독한 신세다. 결혼은 늦으면 늦을수록 좋고 위기에 처하면 해결할 수 있는 신비한 힘도 있다.

 초, 중년에는 경솔하기 때문에 고생하지만 말년에는 모든 것이 안정된다. 이성관계로 가출하는 경우가 있지만 가출한다면 고생이 매우 심하다. 건강은 류머티즘, 냉병에 조심해야 한다.

▲운세를 보면

머리가 총명하고 예지능력이 뛰어나다. 따라서 사물에 대한 깨달음이 있어 사리에 밝고 정확하며 빼어난 기교로 일을 처리한다. 그렇지만 지위와 명예와 금전에 대한 집착성이 없지만 욕정이 강해 호색한으로 이름을 날리며 해외여행을 좋아한다.

▲앞으로 해야 할 일

머리가 총명하고 예지능력이 뛰어나며 사물에 대한 이해력이 풍부하다. 일의 처리에 있어서 자신이 한 약속을 분명히 지키는 성격이다. 따라서 직장에서 사람들로부터 신뢰와 믿음을 얻는다. 그렇지만 타고난 재능을 앞세워 지나치게 교만하거나 자신을 과대평가하면 은 사람들을 잃는다. 이것을 해결하기 위해서는 겸손과 넓은 도량을 배워야 한다. 열정적인 성격에 인정이 넘쳐 일 처리가 빠르고 깨끗하다. 그러나 집착력이 약해 한 가지 일을 제대로 마무리를 짓지 못한다. 이로 인해 자신의 능력평가에 악영향을 미친다.?따라서 소탐대실하는 격으로 좋은 기회를 잃는다. 그렇기 때문에 아무리 총명하고 기술이 좋다고 해도 써먹을 때가 없으면 소용이 없다. 따라서 일에 대한 집중력을 높이는 것이 우선이다. 이렇게 해야만 남이 무시할 수 없는 전문가가 될 수 있고 또한 자신의 무한한 잠재력을 발휘할 수가 있는 것이다.

지문을 보면 사람을 알수가 있다

엄지 식지가 와문, 중지 약지 소지가 유문

와문

유문

 성격이 온화하고 관대하며 솔직하면서 머리가 좋다. 더구나 간사함을 꾀하지 않는 진정한 재주꾼으로 마음이 진솔되고 선한 타입이다. 의리와 인정이 넘쳐 타인의 일까지 자기 일처럼 생각해서 돌봐준다.?단점으로는 변덕이 매우 심하지만 대인관계가 원활해 타인과의 접촉이 나쁘지 않다. 젊어서부터 친인척의 도움으로 사업에 대한 기초를 다진다. 다만 초년부터 고향을 떠나 외국으로 나감으로써 큰 기회가 맞고 중년이후부터는 대성하여 말년을 행복하게 지낸다. 일생동안 영광, 지위, 물질 등의 삼박자가 구비되면서 순탄한 삶을 산다.

▲ 신비한 현상에 관심을 갖는 지문이다

성격이 고상해서 무턱대고 접근하기 힘든 타입이지만 일단 접근해서 말을 건네면 의외로 마음이 부드럽고 따뜻하다. 몸가짐이 바르기 때문에 자신의 약점을 숨기는 스타일이다. 따라서 노인이나 윗사람을 존경해 신임을 얻는다. 부처나 보살의 능력이 있어 주위로부터 도움을 받아 성공하거나 출세한다. 도둑을 맞거나 실언으로 인해 구설수에 오르며 또한 상대를 너무 믿어 손해를 본다. 이성관계는 좋게 이뤄지지만 결혼하면 억센 여성을 맞이한다. 하지만 그 부인으로 하여금 은혜를 얻는다. 마음이 불안할 땐 안정을 되찾기 위해 종종 자신의 방을 이러 저리 옮기면서 정리 정돈한다. 만약 어떤 일로 곤경에 빠졌을 때 상사와 상의하면 해결책을 얻을 수 있고 신앙생활을 열심히 하면 막혔던 운이 자연스럽게 열리기도 한다. 어릴 때부터 다른 집에서 자라 그 집의 양자가 될 수도 있다. 여성은 출산할 때 예정보다 늦어지거나 난산으로 고생하는데 여자아이를 출산할 고통이 심하다. 사치가 심해 금전의 지출이 많으며 운세의 기복이 심해 환경의 변화가 많다. 직업군은 공무원, 사회사업 등이 좋다.

▲운세를 보면

몹시 마음을 태우며 애를 쓰면서 노력하는 타입인데, 강렬한 영웅숭배의 관념이 몸에 배어 있다. 따라서 아랫사람에겐 힘으로 밀어붙이지만 상사에겐 깍듯하게 대하고 다정다감하게 말한다. 그러나 전체적으론 사람이 지켜야할 도리에 충실하고 도량이 넓다. 고집이 너무 세기 때문에 상대를 무시하는 경향이 있다. 단점으로는 주색에 빠져 일생을 망친다. 여성은 남성보다 더욱 훌륭한 재능을 소유하고 있다.

지문을 보면 사람을 알수가 있다

▲앞으로 해야 할 일

자신의 약점에 대해 스스로 수양하면 운수가 좋아진다. 가난하게 태어났지만 스스로 노력하여 큰 인물이 된다. 한마디로 현대과학에서 해결하지 못한 신비한 현상에 취미가 많다. 예를 들면 UFO나 귀신들에 대한 신비한 전설, 영감 등이다. 스스로 충실하게 노력하는데, 상대방이 이렇게 하지 않으면 비난을 서슴지 않는다. 리더십이 강해 대중을 지휘하는데, 이것은 영웅숭배관념이 있기 때문이다.

상사에게는 완벽한 예의범절을 보여주지만 부하에겐 경멸하고 힘으로 억압한다. 따라서 이런 습관은 매우 좋지 못한데, 높은 지위에 있을 때 반드시 아랫사람부터 사랑해야한다는 것을 잊지 말아야 한다. 그렇게 하지 않으면 말년에 고독한 삶만 있을 뿐이다. 또한 섬세하고 인정미가 넘쳐 술을 마실 때에 자신의 마음을 털어놓기도 한다. 천성적으로 재능을 타고났기 때문에 노력하면 빛나는 일생을 살 수가 있다. 더구나 많이 배우고 수양한다면 더 많은 것을 취할 수 있다.

지문을 보면 사람을 알수가 있다

식지 약지 소지가 와문, 엄지 중지가 유문

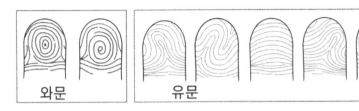

와문　　　　　　유문

　두뇌회전이 빨라 재능이 있고 따뜻한 성격에 변명을 모르는 정직한 타입이다. 따라서 자신이 생각하고 있는 것을 여과 없이 쏟아내기 때문에 오해를 받는다. 또한 은혜가 원수로 되돌아오기도 한다. 의리가 있고 애정이 깊은 관계로 사업은 번창한다. 한마디로 직업 운이 좋다. 초년에는 고생이 심하지만 중년이 되어야 막힌 운이 풀린다. 가정운이 좋아 부부와 자식간에 인연이 깊어 행복한 가정생활을 꾸릴 수가 있다.

▲ 힘들거나 어려움을 참아내는 지문이다

 어떤 일에 몰두하다가 갑자기 분주하게 다닌다고 생각하면서 스스로 슬픔에 빠진다. 감정의 기복이 심한 타입으로 느긋하고 낙천적인 기질이 있지만 급하기도 하다.

 겉으로 순하게 보이지만 한 가지 일에 집착력이 강하고 인내심이 결여되어 있다. 상대방을 울고 웃기게 하는 재주가 많다. 본가가 아닌 타가에 양자로 가는 운이 있으며, 연애에서 결혼까지 평탄하지는 않지만 막상 결혼하면 부부의 연이 좋다. 젊을 때는 한곳에 거주하지 못하여 고통을 겪지만 중년이 넘어감에 따라 모든 것이 안정된다. 여성은 아이를 낳을 때는 순산하지만 몸조리를 잘해야 고통을 벗어날 수가 있다. 어떤 일이든지 성급하거나 재촉하지 말고 때를 기다려야 한다. 그러면 모든 것이 순조롭게 해결이 된다. 건강은 흉부질환, 변비, 비뇨기계통 등에 조심하면 된다.

▲운세를 보면

아무리 힘들고 어려운 일이라도 견뎌내는 낙천적인 타입이다. 애정이 많기 때문에 쉽게 열애에 빠질 수가 많다. 세속의 일인 금전, 재물, 명예 등등에 전혀 관심이 없다. 기분이 좋으면 숨기지 않고 당당하게 오픈한다. 여성은 천성적으로 미인들이 많고 스스로 꾸미기를 좋아한다.

▲앞으로 해야 할 일

원하지 않는 일들이 자주 발생한다. 대체적으로 길운은 두 가지인데 첫째는 길운 속의 있는 대길이고, 둘째는 악운 속에 갑자기 뚫리는 길운이다.한마디로 세속의 일에 개의치 않는 낙천적인 인물로 인생을 유유 작작하게 산다. 즉 여유가 있게 기다리면 언제가 잘 될 날이 오는 것이다. 이것은 세속의 가치관을 초월했기 때문이며, 더구나 미워하는 사람이 거의 없다. 가끔 기쁜 마음으로 자신의 말을 많이 하지만 두서와 내용이 없다. 하지만 오히려 이것이 세속에 찌든 사람들을 유쾌하고 명랑하게 해줌으로써 영혼을 맑게 해주는 것이다. 돈에 관심이 없고 그 가치를 생각하지 않기 때문에 마구 써버린다. 더구나 이런 타입은 생존경쟁이 치열한 현대사회에서의 생활이 어렵다. 그렇지만 쓸데없는 낭비벽만 없다면 기인으로 인정받을 수가 있다. 하지만 열심히 돈을 벌고 정승같이 돈을 써야만 사람구실을 할 수가 있다. 여성은 스스로를 꾸미기를 좋아해 금전을 낭비한다. 반대로 남성은 먹고 즐기는데 낭비하기 때문에 스스로 반성하여 고쳐 나가야 한다.

지문을 보면 사람을 알수가 있다

식지 소지가 와문, 엄지 중지 약지가 유문

와문

유문

선한 마음과 얼굴표정엔 항상 미소를 띠고 있어 대인관계가 원만하고 부드러운 성격의 소유자다. 또한 가족관계의 연도 좋다. 초년에는 운이 막혔지만 중년부터는 조금씩 운이 풀리면서 말년에는 모든 것이 안정된다. 평생 동안 많은 돈은 벌 수 없지만 그저 먹고 살만하다.

더구나 나쁜 일이 적으며 생활이 안정되어 있다. 단점으로는 요령이 없어서 처세술이 부족하다. 가끔 일이 모두 처리되었다고 믿었던 것이 하자가 생기면서 고생한다. 더구나 귀중한 시간가지 몽땅 빼앗기면서 금전으로 손해를 본다.

지문을 보면 사람을 알수가 있다

▲ 의지와 희망과 행운이 깃든 지문이다.

 무척 고집이 세고 다양한 성격 속에 내면성이 들어있는 타입니다.

 겉으로 보기엔 세련미가 없으며 비굴한 면까지 있다. 성격이 너무 강해서 쉽게 행동하지 않고 게으르며 평온하다.

 인과관계가 활발해 남의 일을 잘 돌봐주지만 말수가 적다. 더구나 주변사람들이 볼 때 어떤 사람인지 감이 잡히지 않고 베일에 가려져 있다.

 무슨 일이든지 묵묵하게 부지런하고 열심히 노력하는데, 이로 인해 언젠가는 성공한다. 더구나 상사에게 실력을 인정받아 성공할 수 있는 기회도 잡는다. 술을 좋아한 나머지 술로 실패하고 지금까지 쌓아온 신용까지 모두 잃어버린다. 여성은 인내심이 강하고 처음 대면하더라도 항상 웃음으로 반겨준다. 말수가 적으며 서비스정신으로 봉사한다.

 아이를 출산할 때 예정보다 늦고, 임신 중에 신장병에 시달릴 가능성이 있어 조심해야 한다.

 모든 일을 급하게 서두르면 성공이 이뤄지지 않으며, 초?중년의 운이 막혀 좋지 않지만 말년이 되면 목적을 이룰 수가 있다. 결혼은 늦으면 늦게 할수록 운이 좋아진다. 물로 인한 재난이 있어 물을 조심해야 한다. 직업군은 학문과 관계되거나, 관청에 운이 있다. 건강은 임신중독, 소화기 장해, 뇌 질환 등에 조심해야 한다.

▲운세를 보면

개성이 뚜렷한 양면성을 지니고 있으며 일상생활에서 당당하고 솔직하며 진실한 삶을 산다. 특히 어떤 경우엔 겸손하다가 어떤 경우엔 교만해진다. 부드러운 모습을 보이다가 한번쯤 성질이 나면 폭탄이 터지듯 수습하기가 곤란하다. 술을 좋아해 술주정뱅이가 될 수도 있다. 조숙하고 상대방의 마음을 꿰뚫어보는 능력도 있다.

▲앞으로 해야 할 일

나이가 들어감에 따라 점차적으로 행운이 들어오고 가정이 화목하며 수재를 당할 가능성이 있어 물을 조심해야 한다. 한마디로 주변사람이 보기에는 한가한 듯하지만 속내는 고통스럽게 살고 있다. 모순되는 성격이 뚜렷하게 양분화 되어 있어 어떤 때는 조용하다가 어떤 때는 폭탄이 터지듯이 무척 시끄럽다. 보편적으로 모든 일에서 세심하고 신중하지만 내면적으론 큰 꿈을 가지고 있다. 술을 좋아해서 주정을 부리는 경향이 있다. 이것은 대인관계에서 악영향을 준다. 서두르지 말고 때를 기다리면 행운이 찾아오는 대기만성이다. 그래서 어떤 일을 하든지 너무 조급하게 하면 실패하기 때문에 명심해야 한다. 따라서 가장 자신 있는 지식과 관련된 직업을 찾아서 능력을 발휘하면 모든 것이 해결된다. 공무원 같은 직업이 좋지만 급한 마음에 투기를 해선 절대로 안 된다. 또한 허풍을 치면 사업이나 인간관계에서 믿음을 주지 못해 고독하기 때문에 삼가야 한다.

지문을 보면 사람을 알수가 있다

식지 약지가 와문, 엄지 중지 소지가 유문

와문

유문

 어떤 상황이든지 처세술에 능하고 재능도 있지만 재난이 많은 운수이기 때문에 심신이 괴롭다. 따라서 좌절을 겪기 때문에 자신의 좋은 재능을 살리지 못한다. 재치와 민첩함을 가지고 있어 임기응변에 능하지만 액운이 있어 성공과는 거리가 멀다. 평생 산재나 분규가 많기 때문에 초년?중년?말년까지 고생에서 벗어날 수가 없다. 한마디로 재능이 많지만 뜻을 펴지 못하는 운이다.

▲ 깊은 사고력 때문에 실패하는 지문이다

항상 마음이 무겁고 괴로우며, 쓸데없는 걱정을 많이 하기 때문에 언행이 일치하지 않다. 더구나 너무 생각이 깊은 나머지 행동력이 늦게 발동되어 모처럼 맞은 좋은 기회를 놓친다. 따뜻한 마음을 지니고 있지만 신경질적이다. 남성은 성인이 되면 부자지간에 연이 없어 타향으로 일찍 떠난다. 이것은 주어진 운명이기 때문에 서로를 위해서 좋다.

책략이나 비밀을 가지고 있으며 강하게 몰아붙이는 집념도 있다. 한 우물을 파는 성격으로 한 가지 일에 몰두하여 기능 기술면에서 일인자가 되어 사회에서 유리한 위치를 차지한다. 그렇지만 물, 여색, 도난, 병, 파산, 다툼, 사고 등이 장해요인이기 때문에 차분한 마음으로 원만한 대인관계가 필요하다.

또한 모든 일을 게을리 하지 말아야 한다. 본가의 일이 좋지 않으며 형제자매와의 사이도 좋지 못해 항상 충돌이 잦다. 여성은 남편으로 인해 고통을 겪기 때문에 신앙생활로 이겨낼 수가 있다. 직업군으로는 기획, 선전, 조사방면, 법률관계 등에 적합하다. 또한 아이를 낳을 때 난산으로 고통을 겪거나 쌍둥이를 출산한다. 그렇지 않으면 몸이 냉하여 유산의 가능성도 있다.

건강은 이비인후계통, 종기, 노이로제 등에 조심해야 한다.

▲운세를 보면

솔직한 마음을 가지고 있어 불의를 보면 참지 못하고 고상함을 좋아한다. 두뇌회전이 빠르고 어떤 일이든지 차분하고 냉정하게 행동한다. 남의 위에 있거나 간섭받기를 싫어한다. 또한 남을 가르치는 이론과 지혜가 풍부하다. 그렇지만 상사, 선배, 협력자, 부하들과의 대인관계가 원만하지 않다.

▲앞으로 해야 할 일

대부분의 순수 이론가들은 사회의 부정과 어두운 면을 증오하고 싫어한다.

또한 지나치게 이론을 중요시하면 어렵다는 이미지를 주기 때문에 사람들은 자연스럽게 멀어질 수밖에 없다.

이와 반대로 절호의 찬스를 타인을 가르친다면 교육계, 종교계, 예술계에서 성공할 수가 있다.

또한 어린시절 총명하고 재질이 많아 학교에서 일등을 하지만 가정이 궁핍해 발전하지 못한다. 어려서부터 겪은 궁핍으로 인해 일을 처리함에 있어서 끝까지 완성하지 못하고 중도에 하차하고 만다. 그러나 중년이 되면 운이 터여서 하고 싶은 일이나 사업이 안착되면서 성공한다.

어떤 일을 하든지 항상 꼬이기만 해서 재수가 없다고 생각될 때가 있다. 이런 때일수록 용기를 내어야 한다. 그것은 늦게 이뤄지는 운이기 때문이다. 따라서 낙관적으로 생각하면서 기회를 기다리면 된다.

또한 천성적으로 총명한 머리를 타고났기 때문에 강한 인내심으로 실력을 쌓아야 한다. 어떤 일이든지 시작과 끝이 항상 있는데, 절대로 겁내지 말고 지금까지 추진하던 일을 끝까지 하면 된다. 그러면 행운의 여신이 환한 미소로 다가 올 것이다.

지문을 보면 사람을 알수가 있다

식지가 와문,
엄지 중지 약지 소지가 유문

와문

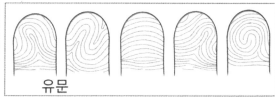

유문

외고집이지만 사물을 평가하는 데는 공평하다. 더구나 매우 활동적이고 노력하는 타입이다. 초년부터 누구의 도움도 없이 고생 끝에 성공의 발판을 마련한다. 그렇지만 재산이 없어지고 재난까지 많아 고생할 운이다. 급한 성격으로 인해 실패하며 초년에 이것이 연속으로 나타난다. 중년이 지나야 조금씩 운일 풀려 40대 중방이 되면 성공이 눈앞에 보인다. 신체가 튼튼하며 취미나 색다른 것에 열중한 나머지 금전의 소비가 많다.

▲ 대인관계가 좋아 교제술에 능통한 지문이다

급한 성격으로 인해 일을 시작할 때 요란스럽게 하기 때문에 차분함과는 거리가 멀다. 더구나 집안에 털어 박혀 있지 못하고 밖으로 나도는 타입니다. 부담 없는 기질로 인해 많은 사람들에게 호감을 받는 서민적인 이미지를 소유하고 있다. 자신보다 남의 일을 위해 분주하게 움직이기 때문에 동리의 마당발이다. 상대의 지위고하를 막론하고 서슴없이 진언하며, 또한 추구하는 욕망이 강하기 때문에 주어진 문제에 대해 철저하게 분석한 후 정의를 위해 행동한다. 친절하고 유쾌한 마음의 봉사정신이 투철하다. 그렇지만 이것이 도리어 역이용되어 구설수에 휘말리며 도량이 좁은 것인 흠이다. 조숙하여 사회에 일찍 발을 들여놓으며 여성은 결혼을 일찍 한다.

▲운세를 보면

유쾌하고 발랄한 성격으로 대인관계가 원활해 사교술이 뛰어나다. 오픈 마인드로 상대반과 쉽게 어울리거나 아니면 도움을 많이 준다. 더구나 두뇌가 명석해 수재라는 소리를 들으며 무엇이든 탐구하려는 마음이 강하다. 또한 누구에게도 의지하지 않고 독립적으로 일을 추진한다. 하지만 단점으로는 폭음과 폭식을 한다.

▲앞으로 해야 할 일

어릴 때 부모를 떠나 타향에서 사업을 일으켜 대성공을 거두며 평생 동안 행운이 찾아올 가능성이 매우 높다. 또한 재물운이 있지만 저축하지는 못한다.

사업을 할 때 항상 귀인이 나타나 도와주지만 가끔 친한 친구의 방해로 실패할 수도 있다. 한마디로 인생 초반기의 운이 좋지 않지만 후반기는 막혔던 운수가 뚫린다.

활달한 성격으로 인한 사교술로 주변에 있는 많은 사람들과 교제를 한다. 단점으로는 가족이나 친구들의 일에 항상 관심을 갖기 때문에 자신도 모르게 과신할 수가 있다.

자신보다 자신의 친척과 주위를 더 돌보기 때문에 모았던 재산이 없어지는 것이다. 따라서 자신의 분수에 알맞게 돈을 써야 한다. 머리가 총명하지만 이것이 과신으로 이어져 상대에게 교만하다는 소리를 듣는다.

독립심이 강해 20대 말에 재산을 모은다. 인간관계가 왕성해 사업적인 측면에서도 매우 활동적이다.

또한 타인을 돌보기를 좋아해 상대방에서 돈을 빌려달라거나 아니면 보증을 요구할 것이다. 이럴 땐 신중하게 생각해서 오해 없는 거절이 필요하다. 그렇지 않으면 이것으로 인해 사람 잃고 돈까지 손해 본다.

결론적으로 믿을 만한 친구나 사람들의 조언을 듣지 않으면 성공하기가 어렵다. 특히 큰 프로젝트를 진행할 때 교만함을 버리고 진솔한 마음으로 상사나 선배들과 상의하면 분명하게 성공을 거둘 수가 있다.

지문을 보면 사람을 알수가 있다

엄지 약지 소지가 와문, 식지 중지가 유문

와문

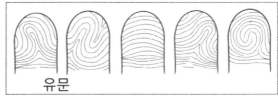

유문

 성격이 따뜻하고 온화하며 솔직하면서 선한 마음을 가지고 있어 잘못된 것 자체를 싫어한다. 또한 인정미 넘치는 붙임성으로 주변사람들에게 신임을 얻고 있다. 부모덕이 있어서 어릴 때부터 의식주가 풍부하며 금전의 길운까지 있어 조금만 움직여도 많은 것을 얻는다. 또한 20대에 운이 발동해서 30대에 상당히 높은 지위에 올라가지만 물질의 운보다는 약하다. 더구나 아랫사람을 보살피는 사랑이 많아 타인으로부터 신뢰와 존경을 얻는다. 좋지 않는 일이 닥쳐도 이들로부터 도움을 받는다.

지문을 보면 사람을 알수가 있다

▲ 희생정신으로 남을 돕는 지문이다

애정이 지나쳐 주변사람들로부터 비난과 함께 고난을 겪는다. 젊을 때는 금전운이 없지만 나이가 들수록 안정을 찾는다. 이때 낭비하지 말고 적재적소에 돈을 써야만 한다. 봉사정신이 강하고 매너가 좋아 주변의 여성들에게 인기가 높다. 다시 말해 사람의 관리하는 재능과 사람을 끌어들이는 매력이 있다. 어떤 때는 물질로 손해를 보지만 대신에 정신적인 면에서 만회한다. 출세를 위해서는 자신도 모르게 음성적인 기질이 발휘되기 때문에 실패한다. 따라서 이럴 때일수록 자기 자신을 한번 쯤 되돌아보는 것도 좋다. 또한 공동사업을 할 경우가 생기는데, 이때 본의 아니게 큰 고난이 닥쳐 시련을 맛본다. 따라서 세 사람 이상의 공동사업은 사양해야 한다. 건강은 소화기계통, 혈압, 만성적 증세에 주의하고 이 외에 불의의 사고를 항상 조심해야 한다.

▲운세를 보면

따뜻하고 인정이 많으며 다정다감한 성격을 지니고 있다. 봉사정신이 강해 남을 돕기를 좋아한다. 언변이 좋아 남과 잘 어울리며 인격적으로 믿음과 신뢰를 줄 수 있는 타입이다. 두뇌가 명석해 한번 온 기회를 절대로 놓치지 않는다. 예능계에 소질이 있고 야망과 꿈이 크지만 사회를 살아가는 요령이 부족하다.

▲앞으로 해야 할 일

인명은 제천이라는 말처럼 천성적으로 부모와 함께 장수의 운을 타고났다. 그렇지만 보이지 않고 없는 듯한 공덕을 많이 쌓아야만 된다.

성공을 하지만 낭비벽이 매우 심하다. 자신의 출신이 빈곤하지만 주변으로부터 재원이 굴러들어와 성공한다.

한마디로 온화하고 인정이 많으며, 언변이 좋아 남과 잘 어울린다.?남의 불행을 자기의 불행처럼 여긴다.

이런 성격으로 인해 손해와 희생을 치르지만 눈 하나 깜빡하지 않는다. 따라서 친구들에게 인격적인 믿음과 신뢰를 한 몸에 받는다.

기회의 순간을 잘 포착하지만 자니친 자만심으로 인해 놓치는 경우가 많다.

꿈이 원대하고 포부가 크지만 이에 대한 요령이 부족해 아무리 노력해도 성공하지 못한다. 이것을 해내기 위해서는 강한 인내력과 굳은 의지를 길러야 한다.

장사와는 거리가 멀어 학문이나 기술처럼 연구하는 쪽으로 가야만 뜻을 펼칠 수가 있다. 의리가 있어 친구를 위해서라면 죽는 시늉까지 하지만 지나칠 정도로 인정이 많아 사기를 당할 수도 있다. 또한 사치와 주색에 빠져 재산을 허비한다. 그렇기 때문에 사업을 할 땐 항상 냉철한 판단이 필요하다.

지문을 보면 사람을 알수가 있다

엄지 소지가 와문,
식지 중지 약지가 유문

와문

유문

행동이 성실하고 마음씨가 착실하며 어떤 일이든지 최선을 하는 최고의 노력파다. 선천적인 기질이 차분하고 얌전하기 때문에 남과 다툼을 좋아하지 않는다. 어떤 일이건 원만하게 해결하기 때문에 타인으로부터 호감을 얻는다. 또 형제나 친구와의 연이 좋아 이들로부터 많은 도움을 받는다.

이에 따라 약간의 노력에도 불구하고 공이 많아 생을 행복하게 보낸다. 그렇지만 부모를 떠나면 성공보다 실패가 많기 때문에 삼가야 한다. 중년 초까지는 그저 그런 평범한 생활이지만 중반이후부터 운이 발동해 기초를 굳힌다. 따라서 말년이 되면 금전과 명성을 얻어 행복한 삶을 누린다.

▲ 근면하고 착실하게 노력하는 지문이다

일을 하기 위해 한번 자리에 앉으면 일어설 줄을 모르는 타입이다.

근면하고 착실해 주어진 일에 대해 시간이 오래 걸려도 끝을 맺는 끈기와 인내가 있다. 그러나 한 직장에 오래 근무하면 좋고 직장을 옮기면 그 순간부터 운이 나빠진다.

주변사람들에게 말과 행동을 조심하는 것이 좋다. 즉 평상시엔 얌전하고 온순해 보이지만 불만이 많을 때는 격렬한 행동과 거친 언어가 여과 없이 튀어나오기 때문이다.

작은 목표가 성공하는데, 이것을 성공으로 착각해서 급하게 욕심을 내면 실패한다. 따라서 차분하게 새로운 계획을 세운 후 진행하면 무리가 없다.

여성은 남성다운 기질이 있어 여자들에게 인기가 좋지만 남성은 여성문제로 고통을 겪는다. 두뇌가 명석하고 인정이 넘쳐 타인을 돌봐주는 것을 좋아해 종종 인재를 양성해내기도 한다.

두둑한 배짱으로 거래를 유리하게 이끌어내는 재치가 있지만 부하에게 약점을 잡혀 이용당할 수도 있어 조심해야 한다. 인정미가 넘쳐 도리어 이용을 당할 수도 있고, 여성은 여아를 순산하는데 장래에 큰 인물이 된다. 부부의 연이 부족해 부부한쪽에서 부정을 저질러 남에게 비난을 받는다.

지문을 보면 사람을 알수가 있다

▲운세를 보면

 소극적이라 큰일보다 작은 성공에 만족하는 야심가로 사회에서 활동가로 활약하는 사상 운동가다. 동업을 원하는데 다분히 계획적이다. 따라서 스스로 반성을 한다면 큰 인물로 부상할 수가 있다. 또한 노력하지 않으면 천하의 게으름뱅이로 낙인찍힌다.

▲앞으로 해야 할 일

 양자나 양녀가 될 수 있는 운을 타고 났는데 특히 장인장모의 덕을 이용하여 성공한다. 능력이 많지만 자신의 목적을 위해서는 수단과 방법을 가리지 않는 교활한 타입이다. 사회활동가로서 언변이 좋아 집회에 참가하면 늘 장중한 말을 늘어놓는다.?그러나 다른 사람의 일에 간섭하는 바람에 비난을 받기도 한다. 큰 인물이 될 기질이 있기 때문에 성공하려면 배움에 최선을 다하고 자신에게 충실하며 사물에 대해 냉철하게 판단하는 능력을 길러야 한다. 더구나 무슨 일을 하든지 타인에게 의지하지 않고 자신의 힘으로 성공한다.또한 눈앞의 이익만을 생각하지 말고 장기적인 포석이 있어야 성공한다. 즉 큰 야심은 하루아침에 이뤄지는 것이 아니기 때문이다. 만약 사람들에게 자신의 야심이 알려졌다고 해서 자신감을 잃어선 안 된다. 그럴수록 더더욱 신중하게 일을 처리하면서 경솔한 행동을 삼가는 것이 좋다. 그래야만 자신에 대한 비방이나 중상모략이 사라진다. 건강은 선천적으로 신체가 허약하며 음식을 좋아하는 미식가이기 때문에 이것으로 인해 위장병에 걸린다.?

지문을 보면 사람을 알수가 있다

엄지 약지가 와문, 식지 중지 소지가 유문

와문	유문

　보편적인 성격으로 마음이 매우 선한 타입이다. 책임감이 강하고 이에 대한 행동이 믿음직스럽다. 단점으로는 사교술이나 세상을 살아가는 요령이 부족해 노력에 비해 대가가 적다. 더구나 처세술도 결여되어 상대보다 항상 뒤쳐져 발전하지 못한다. 특히 은인이나 귀인의 덕으로 신분이 향상되는 일은 절대로 없지만, 사리분별력이 확실하기 때문에 크게 실패할 확률이 적다. 경솔하거나 급하지 않고 차분하게 일을 해나가는 장점도 있다. 초년엔 운이 막혀 고생이 많지만 중년 이후부터 고생이 조금씩 벗어난다. 즉 대기만성이기 때문에 말년에 크게 성공한다. 그렇지만 노력이 없으면 운이 좋아도 성공하지 못한다.

▲ 검소하고 깨끗한 것을 즐기는 지문이다

선한 마음과 함께 결벽성이 강해 자기주장대로 행동한다. 더구나 집중력이 부족해 판단을 내리지 못한다. 일을 추진함에 있어서 열정으로 목표를 향해 매진하며, 금전은 적당하게 지출하는 실리적인 타입이다. 그렇지만 어음의 부도나 보증인의 사기에 걸려 금전적인 피해가 많다. 따라서 금전관계는 신중하게 처리해야 한다. 한번 마음먹으면 최선을 다하지만 타인의 간섭을 싫어한다. 더구나 무슨 일이든지 서두르면 실수가 있기 마련인데, 시간이 오래 걸려도 인내로서 차분하게 처리하면 성공한다. 항상 배움에 불타는 향학열과 함께 뛰어난 기억력과 넓은 이해력을 가지고 있다.

▲운세를 보면

천성적으로 하얗고 깨끗한 것을 좋아하고 사치로 낭비하지 않는 검소한 타입이다. 관찰력이 있어 사물을 그냥 지나치지 않는다. 행동이 빠르며 덤벙대지 않고 항상 계획적으로 움직인다. 이른 아침 산책이나 소박한 여행을 즐긴다. 장소를 불문하고 자기중심으로 사색을 즐기지만, 개성이 없고 판단력이 부족하다. 감정에 상처를 받으면 오기로 일을 처리하고 또한 타인의 충고를 전혀 받아들이지 않는다.

지문을 보면 사람을 알수가 있다

▲앞으로 해야 할 일

초년엔 운이 발동하지 않지만 중년 이후 운이 뚫려 점차적으로 발전한다.

자신의 신체에 대해 꾸미기를 좋아하지만 세련되지 못하고 오직 깨끗하고 아름다운 것만 찾는다.

어떤 사물에 신경을 쓰지만 중도에 그만두기 때문에 시작은 있지만 끝이 없다. 더구나 일의 처리에 있어서 경솔하게 움직이지 말고 참고 견뎌내야만 성공할 수 있다.

천성적으로 두뇌가 총명해 자신에게 알맞은 사업을 잘 선택할 것이다. 산책과 여행을 좋아하지만 검소한 습관이 몸에 베여있어 엇길로 빠지지 않는다.

하지만 고독한 생활을 즐기고 매우 이기적인 기질을 가지고 있다. 또한 주변의 조언을 뿌리치고 누를 끼치는 운이기 때문에 항상 주의해야 한다.

젊은 시절엔 운이 막혀 하는 일마다 꼬이기 때문에 한 가지가 아니라 이것저것에 손을 뻗치다가 판단력을 잃어 발전하지 못한다.

중년부터 운이 뚫려 사업에 발전이 있다. 사업의 단점으로는 일을 할 때 시작은 크고 꼬리가 작아 일처리가 늦다. 이것을 고치면 성공할 수가 있는 것이다. 특히 파란만장한 삶을 과감하게 탈피하기 위해서는 선배나 상사의 조언을 듣고 실행하면 말년을 행복하게 지낼 수가 있다.

지문을 보면 사람을 알수가 있다

엄지가 와문,
식지 중지 약지 소지가 유문

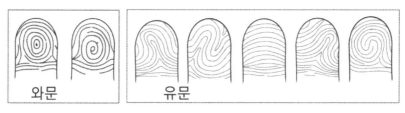

| 와문 | 유문 |

따뜻한 성격에 선하고 총명하며 타인보다 일을 더 많이 하는 노력파다. 남성은 재능이 별로 없지만 자신의 인품덕분에 주변의 도움으로 일이 순조롭게 풀린다. 또한 일생동안 기회가 많은데 놓치더라도 계속해서 기회가 찾아오는 운이다. 신체가 튼튼하지만 외모는 볼품이 없다. 눈앞의 욕심에 사로잡히지 않고 예지능력이 있어 작은 이익은 놓쳐도 큰 이익은 놓치지 않는다. 평생 동안 커다란 실패가 없다.

▲ 타인에게 지기 싫어하는 지문이다

타인보다 고생하지만 더 많은 노력으로 일을 한다. 초년에 고생이 심하지만 말년엔 괜찮다. 이론에 밝고 솔직한 성격인데 의지가 굳어 자신을 굽히지 않는다. 세련되어 있으며 예지능력에 따른 판단력과 명석한 두뇌로 일의 흐름을 잘 조정하는 능력이 있다.

결혼은 늦으면 늦을수록 안정된 생활을 꾸미고, 이로 인해 직업과 신분의 상승이 있다. 또 창의적인 연구나 발명, 발견과 신기술개발에 능력을 발휘한다. 그렇지만 타인의 밑에서는 최선을 하지 않는다. 어릴 때 잔병치레가 많았지만 성장할수록 병에 걸리지 않는 체질이다. 건강은 흉부질환, 장의 전염병, 비뇨기, 혈압 등에 조심해야 한다.

▲운세를 보면

보이는 그대로 인품이 솔직하고 강인하며 불의를 가장 싫어한다. 고상함을 즐기지만 적대심이 강성인 이론가이다. 두뇌가 총명하고 차분하면서 냉정하게 행동한다. 타인을 지배하거나 타인의 간섭을 몹시 싫어하며, 다른 사람을 가르치는 지혜가 풍부하다. 단점으로는 상사, 선배, 협력자, 부하들과의 관계가 소홀하다.

▲앞으로 해야 할 일

두뇌가 총명하며 대부분 순수 사상가로서 사회의 부정과 어두운 면을 증오하고 싫어한다. 더구나 그런 사람들과 어울리기는 것조차 기피한다. 직선적인 성격에 선한 마음으로 윗사람들의 명령에 대해 공개적으로 반항하거나 순종하지 않아 미움을 산다.

또한 모든 일에 의심이 많고 냉혹하여 다른 사람들에게 소외당하면서 말년을 고독하게 보낸다. 어릴 때 총기가 있어 학교에서는 성적이 뛰어나지만 가정이 궁핍한 탓에 성장하여 큰 영향을 받는다. 더구나 직장을 자주 바꾸지만 반전이 되지 않는다. 하지만 중년이 되면 운이 발동해 행운을 얻게 된다. 이때를 놓치지 말고 최선을 다하면 성공의 기틀을 잡을 수 있다.

무슨 일을 하든지 꼬이기만 해서 재수가 없다고 생각될 때일수록 실망하지 말아야 한다. 대기만성으로 모든 것이 늦게 이뤄지는 운수다. 따라서 낙관적으로 기회가 다시 온다고 생각하면 된다.

일생동안 파란만장한 삶을 살기 때문에 큰 충격을 받을 때도 있다. 이런 상황에 처할 때 스스로 인생길이 험난하다고 생각한다. 또한 직업이나 환경을 바꾸어도 변화가 없기 때문에 깊은 고뇌에 빠진다.

 더구나 친척이나 친구들이 냉담하게 대한다. 이럴수록 자포자기하지 말고 힘을 내어야 성공한다. 어떤 일이든 시작과 끝이 있어 절대로 겁내지 말고 당당하게 장애를 극복해야 하면 된다.

지문을 보면 사람을 알수가 있다

약지 소지가 와문, 엄지 식지 중지가 유문

와문

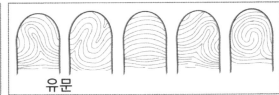
유문

재주가 있지만 명성심이 너무 강하다. 하지만 성격이 꼿꼿하고 완고하기 때문에 운이 막혀 큰 발전을 바랄 수가 없다. 초년에 고생이 심하며 중년이 되어도 고생이 다소 가벼워질 뿐이다. 더구나 남에게 사기를 당하거나 하잘 것 없는 사건에 말려 고생한다. 가정운이 좋지 않아 항상 다툼이 있다. 또한 질병, 사고, 재해, 등의 불행이 항상 따라다닌다. 투기하는 습관이 있어 큰 것에 투기하다간 크게 실패한다.

▲ 친밀하고 사교적인 지문이다

세상살이에서 요령이 좋고 용의주도하며, 언변이 뛰어나고 주위환경에 대한 조절의 능력이 있다. 다시 말해 본인의 철저한 계산에 따라 이득을 챙기는 유리한 입장을 취한다. 몸의 행동이 빨라서 역동적으로 불리기도 하며 물건을 알선해 놓고 뒷전에서 흥정하는 재주도 있다. 건강은 눈병, 손, 다리의 병에 걸리기 쉬워 조심해야 한다. 성격이 급해 일을 빨리 해치우기 때문에 우물쭈물하는 것을 제일 싫어한다. 눈썹이 대체로 일직선이며 계산이 빨라 금전에 다소 까다롭다. 남성은 여난을 당하기 쉬워 조심해야 한다. 어학력이 잘 발달되어 몇 개국 말을 자유자재로 구사하는 능력을 가지고 있다. 한곳에 정착하지 못하고 이사를 자주해 불안정하다.

▲운세를 보면

발랄한 성격으로 대인관계가 원만하고 사교술에 능하다. 따라서 일을 처리하는 능력이 뛰어나고, 사회적 지위나 명예나 권위를 무척 동경한다. 감성이 많아 예술과의 인연이 깊지만 주색에 쉽게 빠지는 운수다.

▲앞으로 해야 할 일

쾌활한 성격에 인간관계가 좋아 많은 친구들을 주변에 있어 어느 곳에서나 사람들의 환영을 받는다.

위트와 유머가 넘쳐 여러 사람들과 잘 어울린다. 사회적 지위와 명예와 권력에 대한 동경심이 크기 때문에 야심을 실현하기 위해 끊임없이 노력한다. 그렇지만 수양에 힘쓰지 않고 실력이 없어 높은 지위를 얻었다고 해도 따르는 부하가 없다.

만약 자신의 야심을 실현하지 못하면 주색에 빠져 일생을 허송세월로 보낸다. 하지만 두 번의 행운이 있는데, 처음에는 빈손으로 사업을 시작해도 생각 밖의 행운으로 크게 성공하고, 그 다음은 자신의 힘에 의하여 얻을 수 있는 행운이다.

따라서 평소 노력하면서 다음에 올 좋은 기회를 잡아야 한다. 그렇게 하지 않으면 찾아오던 행운이 게으름으로 인해 멀리 사라진다. 비록 가난한 출신이라도 세월이 흘러감에 따라 번창하고 안락한 생활을 즐길 수 있다.

또한 스스로 개척하여 크게 출세하는 운세다. 그래서 항상 큰 목표와 희망을 가지고 있는데, 일상생활에서 행동을 신중하게 해야 한다. 그 이유는 자신의 행동에 따라 길흉이 조성되기 때문이다. 즉 평소 자기의 태도에 대해 주의하며 타인의 신임과 신용을 얻어야만 성공할 수가 있다. 이런 신용에 자신의 재능을 잘 배합한다면 타인의 추대로 높은 관직에 오른다. 이때 주의해야 할 것은 시기하고 모함하려는 사람들이 주변에 많다는 것을 명심해야 한다.

지문을 보면 사람을 알수가 있다

소지가 와문, 엄지 식지 중지 약지가 유문

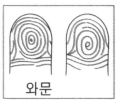

와문

유문

찔러도 피한방울 나오지 않는 완고함과 외골수적인 기질을 소유하고 있다. 이것으로 인해 어떤 일을 할 때 실패의 원인이 될 수도 있는 것이다. 더구나 가족이나 친구들에게 외면당하고 상사나 사회에서의 발탁도 없다. 초년엔 괴로움으로 세월을 보내게 된다. 일생을 통하여 액운이 자꾸 붙기 때문에 좋은 일이 많지가 않다. 또한 사고나 재난이 종종 발생해 항상 불안에 살고 있다.

▲ 태도가 겸손하지만 마음이 약한 지문이다

 겸손한 태도와 온화하고 부드러운 성격이기 때문에 상대에게 자기주장을 내세우지 않는다. 더구나 타인과 다툼을 싫어하며 세상살이에 대한 요령이 부족하다. 인간관계가 넓어 친구들이 많으며, 전화나 편지로 친지들에게 안부를 전함으로써 기분을 맞춰주기도 한다. 부모의 직업을 물려받아 성공시키는데, 단점으로는 게으르고 인내심이 부족하다. 또한 기분에 따라 희망과 실의가 극과 극을 달린다. 따라서 인내력을 기른다면 미래의 행복이 보장될 수 있다.
 양자의 운이 있으며 부동산을 상속받거나 집안을 부흥시킨다. 하지만 양자를 가지 않으면 친부모형제와의 재산다툼이 심하게 벌어진다. 남녀 모두 원만한 대인관계로 사교성이 풍부하며, 여성은 세련되고 매력적이며 또한 이지적인 인물들이 많다.

▲운세를 보면

 월급쟁이보다 상업에 종사하면 자신의 재능을 십분 발휘할
수 있다. 인품이 겸손하고 사람을 대할 때 온화한 표정을 짓
는다. 보통사람과 다른 특이한 취미를 갖고 있다. 수단과 재
능의 지혜가 풍부하며 독립심이 강하다.

▲앞으로 해야 할 일

남녀 모두 욕정이 왕성해 색정으로 문제가 발생하는 운수다. 가문을 번창시키고 지위와 명예의 기초를 마련한다. 실력자나 저명인사의 도움으로 큰 재산을 모은다. 한마디로 자기의 목표를 쉽게 잃어버린다. 남의 눈엔 소홀히 행동하는 사람처럼 보이기 때문에 사업이 실패한다.

역마살과 욕정의 문제로 인해 방랑한 생활을 한다. 따라서 점진적인 방법을 좌우명으로 삼아 눈앞의 이익에 눈이 어두워지지 않게 하면서 성급하게 일을 처리하지 말아야 한다. 사회적 지위가 있거나 실력자의 도움으로 사업에서 큰 변화를 가져와 대성한다.

만약 지금의 학업이나 직업에서 좌절하거나 목표를 잃어버리면 하루빨리 겸손한 마음으로 유망한 사람의 지도를 받아야 된다. 그렇지 않으면 모든 것을 잃게 된다. 그래서 다음의 두 가지를 염두에 둬야한다. 먼저 천성적인 지혜를 인생에 응용해야 한다. 다음은 이성관계를 조심해야 한다.

지혜와 재능이 풍부해 차분하고 꾸준하게 노력하면 사업에서 성공한다. 다시 한번 강조하지만 목표나 신념이 없으면 안고 없는 찐빵이나 다름없다. 이렇게 되면 자기의 능력을 발휘할 기회가 사라지게 된다.

특히 자신이 가진 재능으로 빠른 시간에 큰 재산을 벌어들일 수 있기 때문에 늘 겸손하게 생각해야 한다. 성공의 길을 알아냈다면 한걸음씩 일을 진행해야만 인생의 목표를 실현할 수가 있다.

지문을 보면 사람을 알수가 있다

약지가 와문,
엄지 식지 중지 소지가 유문

| 와문 | 유문 |

 급한 성격과 끈기가 없어 한 가지 일에 집중적으로 매진할 수 없어 사업이나 지위가 불안정하다. 따라서 쉼 없이 꾸준하게 처음부터 다시 시작하는 마음으로 하면 해결된다. 초년과 중년에 재정적인 곤란과 사업의 실패와 재난에 시달리면서 파란만장한 삶을 보낸다.

▲ 뛰어난 지휘력과 통솔력이 깃든 지문이다

감정의 기복이 심하고 고집이 강하지만 마음이 순진하면서 인도주의적인 면이 많다. 의리와 인정이 많아 매사 한계가 분명하고 사회적인 규범을 매우 중하게 여긴다. 상사의 도움으로 주변사람들에게 두터운 신용을 얻는다. 하지만 젊어서는 많은 고생과 고난을 겪지만 중년부터 운이 뚫려 성공과 출세의 문이 열린다. 겸손하고 말이 적으며 다소 내성적이며, 어떤 고난이 닥쳐도 흔들리지 않고 침착한 태도를 취한다. 재산을 상속받지만 그것을 유지하지 않고 다른 사람에게 양도하거나 매매한다. 그렇지만 스스로의 힘으로 재산을 모은다. 리더십과 통솔력이 있어 주변사람들로부터 후대를 받아 지도자적인 위치에 서 다른 사람들을 인도한다. 건강은 순환기계통, 혈압, 피부병, 귓병에 여성은 냉증에 시달릴 수 있어 조심해야 한다.

▲운세를 보면

누구의 도움 없이 스스로 사업을 꾀하려는 신념이 강하고, 말이 없으며 성실하게 일하는 차입이다. 또한 다정다감한 성격에 관념이 보수적이며 사상 또한 봉건적이다. 가정에서는 자녀에게 사업에서는 부하들에게 신경을 쓴다. 무엇보다 성공을 위해선 자기반성을 철저하게 해야만 한다.

▲앞으로 해야 할 일

항상 마음의 수양을 해야만 성공할 수가 있으며, 또한 타인의 신뢰와 상사의 사랑까지 받을 수 있다. 이사를 자주 하지 말고 한곳에 머물러야 안정된다. 한마디로 감정의 기복이 심하고 성격이 다정다감하다. 타인의 부탁을 도와줄 때도 감정을 중히 여기고 이해관계를 따지지 않는다. 따라서 타인들이 기대를 가지면서 이 사람의 말과 덕성을 높이 평가한다. 하지만 자신의 감정을 완전하게 컨트롤하지 못하면 사업이 좋지 못한 방향으로 흘러간다.

투쟁심이 강해 어떤 일이든지 겁내지 않고 덤벼들며, 통솔력이 있어 영도자나 지도자로 발전한다. 이와 반대로 일을 처리한다면 사람들에게 신임을 잃어 다툼이 있고 길운이 액운으로 전화된다. 다툼만 있고 타협이 없다면 교섭에서 좋은 결과를 얻지 못해 대표자가 될 자격도 상실한다. 특히 천성을 무시하고 자신의 이익만을 챙긴다면 사방에 적들이 많이 생기고 급기야 깡패집단의 두목이 될 뿐이다. 더구나 자기의 감정에 지배되어 조그마한 일에도 자제하지 못하고 격해지면 주변사람들로부터 속이 좁다는 비난을 받게 된다. 따라서 스스로 반성하여 개선하고 어느 한곳으로 감정이 치우치지 않는 중용을 지킨다면 무난히 해결된다. 다시 말해 강한 성격에 투쟁성이 왕성한 것이 장점이 될 수도 단점이 될 수도 있다.?즉 항상 주위에 처해진 상황을 잘 살핀 후 자신의 입장을 정리하여 행동한다면 분명히 영도력을 확실하게 발휘하여 사람들로부터 신임을 얻을 것이다.

지문을 보면 사람을 알수가 있다

엄지 식지 중지 약지 소지가 유문

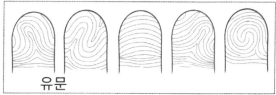

와문 / 유문

　남보다 유난히 고집이 세고 정직한 성격으로 남에게 양보하는 일이 절대로 없는 벽창호 타입이다. 그래서 사방의 적들이 많이 생기고 이들로부터 무차별 공격을 받아 크게 실패할 운수다.

　특히 상사의 명령을 거역하고 부하들만 사랑하는 경향이 있다. 즉 상하의 조화가 없기 때문에 사회적으로 발전할 수가 없다. 부모형제의 덕이 없어 오히려 타국에서 만난 벗이 좋은 동반자가 된다. 성격적인 문제로 젊었을 때는 남들이 기피하지만 중년이 지나면서 점차적으로 완화된다. 겉으로 보기엔 강하지만 신체가 허약하고 자신만이 알고 있는 속병이 있다. 또한 어떤 신앙에 심취되면서 본업이 망가지기 시작한다. 자신을 되돌아보는 시간이 필요하다.

▲ 성격이 우아하고 동정심이 깃든 지문이다

좀처럼 보기 드문 타입인데, 착실하지만 세상살이에 대한 요령이 부족하고 다른 방법으로도 이익을 챙기지 못하며, 다만 부지런히 일만한다. 머리가 총명하지 못하고 융통성이 없으며, 부정한 일을 매우 싫어하고 고집이 무척 세다. 따라서 주변사람들을 의식하지 않고 맡은 임무만 충실히 행한다. 평생을 쉬는 시간도 없이 바쁘게 움직이는데, 중년 말에 막혔던 운이 서서히 풀리면서 말년에 가서야 안정된다. 대인관계가 원만하지 못해 주변에 사람이 없으며 금전적으로 고생을 심하게 한다. 직업은 대기업에 근무하거나 농업이나 조경사업에 종사하는 것이 좋다.

하지만 공동사업은 상대에게 사기를 당하기 쉽기 때문에 하지 않는 것이 좋다. 부부의 연이 깊어 배우자는 착실한 사람과 만나는데, 연하이건 연상이건 간에 연령의 차이가 심하다. 활동범위는 고향 가까 곳이면 된다.

▲운세를 보면

인품이 차분하고 점잖으며 넉넉한 인상의 선비타입이다. 정의와 책임감이 강해 남을 도와주기를 좋아한다. 손재주가 있어 어떤 일이든지 손놀림이 무척 빨라 사람들에게 부러움을 받는다. 하지만 항상 패기가 없고 우유부단한 성격이기 때문에 판단력이 없다.

▲앞으로 해야 할 일

초년엔 고생하지만 중년에 막혔던 운수가 뚫리면서 점차적으로 발전한다.

재물운이 있지만 큰 사업으로 성공해서 벌어들이는 것이 아니라 월급쟁이 생활을 하면서 저축한 것이다. 더구나 직업을 바꾸면 인정을 받지 못한다.

한마디로 생각과 행위가 상당히 균형적이기 때문에 공상이 없고 경험을 중시한다. 온화하고 인정이 많아 타인을 잘 이해하고 도와주는 것을 좋아한다. 이에 따라 남들에게 성질을 부리지 않으며 다툼을 무척 싫어한다.

또한 우유부단해서 반응이 둔하다는 인상을 심어주게 되고 주관이나 판단력이 없다는 평을 받는다. 수학공식 같은 지식에 얽매여 융통성이 없으며, 여성은 내성적이고 얌전하며 모성애가 깊은 현모양처타입이다.

초년에 고생한다고 중심이 흔들리면 추구하는 길을 잃어버려 결국 자포자기상태에 빠진다. 따라서 이런 시련을 스스로 이겨내는 힘을 길러야 한다.

그렇지 않으면 생존경쟁이 치열한 현대사회에서 살아남을

수가 없다. 또한 대안관계가 부족해 혼자 말없이 침묵만 지키게 된다면 자신의 뛰어난 재능을 발휘하지 못한다.

그렇게 되면 주변사람들로부터 자신에 대한 정확한 평판을 들을 수가 없다.

따라서 적극적인 사고방식으로 자신의 성격을 개조해서 남들 앞에 당당하게 의견을 개진하는 것이야말로 성공과의 거리를 좁힐 수가 있다.

세상은 완전한 오픈마인드를 원하는 것이 아니라 서로가 이해할 정도만 필요한 것이다.

대한지문연구회 편저
  삼국지
  초한지
  십팔사략
  논어
  주역
  수호지 등

내 운명과 미래를 알 수 있는
지 문 연 구

2022년 1월 10일 인쇄
2022년 1월 15일 발행

편 저   대한지문연구회
발행인   김현호
발행처   법문북스(일문판)
공급처   법률미디어

주소   서울 구로구 경인로 54길4(구로동 636-62)
전화   02)2636-2911~2, 팩스 02)2636-3012
홈페이지   www.lawb.co.kr

등록일자   1979년 8월 27일
등록번호   제5-22호

ISBN 978-89-7535-988-0 (13180)

정가   16,000원